Maitsev India köök

Traditsioonilised India maitsed ja aromaatsed vürtsid kodusel köögilauale

Aisha Singh

Sisukord

täidetud baklažaan 17
    Koostisained 17
    meetod 17
Sarson ka Saag 18
    Koostisained 18
    meetod 19
Shahi Paneer 20
    Koostisained 20
    meetod 21
Tandoori kartul 22
    Koostisained 22
    meetod 22
maisi karri 24
    Koostisained 24
    meetod 25
Rohelise pipra masala 26
    Koostisained 26
    meetod 27
Pudelkõrvits ilma õlita 28
    Koostisained 28
    meetod 28
Okra jogurtiga 29
    Koostisained 29

meetod 30

Praetud Karela 31

    Koostisained 31

    meetod 32

Kapsas hernestega 33

    Koostisained 33

    meetod 33

Kartulid tomatikastmes 34

    Koostisained 34

    meetod 34

Tapa Palak 35

    Koostisained 35

    meetod 36

Masala kapsas 37

    Koostisained 37

    meetod 38

Baklažaani karri 39

    Koostisained 39

    meetod 40

Simla Mirchka Bharta 41

    Koostisained 41

    meetod 42

Kiire kõrvitsa karri 43

    Koostisained 43

    meetod 43

Kaala Chana karri 44

    Koostisained 44

meetod 45
Kaline 46
    Koostisained 46
    meetod 47
Lillkapsa tandoori 48
    Koostisained 48
    meetod 48
Vürtsikas Kaala Chana 49
    Koostisained 49
    meetod 50
Tur Dhal Kofta 51
    Koostisained 51
    meetod 51
Shahi lillkapsas 52
    Koostisained 52
    meetod 53
Gojju okra 54
    Koostisained 54
    meetod 54
Jam rohelises kastmes 55
    Koostisained 55
    Kastme jaoks: 55
    meetod 56
Simla Mirchki Sabzi 57
    Koostisained 57
    meetod 58
Lillkapsa karri 59

Koostisained 59

meetod 60

Haq 61

Koostisained 61

meetod 62

kuivatatud lillkapsas 63

Koostisained 63

meetod 63

köögivilja korma 64

Koostisained 64

meetod 65

Praetud baklažaan 66

Koostisained 66

Marinaadi jaoks: 66

meetod 66

punase tomati karri 67

Koostisained 67

meetod 68

Karri Aloo Matar 69

Koostisained 69

meetod 70

Badshahi Baingan 71

Koostisained 71

meetod 72

Kartulid garam masalas 73

Koostisained 73

meetod 73

Tamili korma 74
　Koostisained 74
　Vürtside segu jaoks: 74
　meetod 75
Kuivatage baklažaanid sibula ja kartuliga 76
　Koostisained 76
　meetod 76
Koftas Lajawab 77
　Koostisained 77
　Koftade jaoks: 77
　meetod 78
Teekha Baingan Masala 79
　Koostisained 79
　meetod 79
köögivilja kofta 80
　Koostisained 80
　meetod 81
kuivatatud kõrvits 82
　Koostisained 82
　meetod 82
Köögiviljasegu lambaläätsega 83
　Koostisained 83
　meetod 84
Dum Gobhi 85
　Koostisained 85
　meetod 85
chole 86

Koostisained 86

meetod 87

Baklažaani karri sibula ja kartuliga 89

Koostisained 89

meetod 90

Lihtne pudelkõrvits 91

Koostisained 91

meetod 91

Segatud köögiviljakarri 92

Koostisained 92

meetod 93

Kuivatatud köögiviljasegud 94

Koostisained 94

meetod 95

Kuivatage kartul ja herned 96

Koostisained 96

meetod 96

Dhokar Dhalna 97

Koostisained 97

meetod 98

Vürtsikad kartulikrõpsud 99

Koostisained 99

meetod 99

Kõrvits keedetud grammiga 100

Koostisained 100

meetod 101

Loll aloo 102

Koostisained 102
Pasta jaoks: 102
meetod 103
Köögivilja Makkhanwala 104
Koostisained 104
meetod 105
Prantsuse oad mung dhaliga 106
Koostisained 106
meetod 106
Vürtsikas kartul jogurtikastmega 107
Koostisained 107
meetod 108
Täidisega roheline paprika 109
Koostisained 109
meetod 110
Doi Phulkopi Aloo 111
Koostisained 111
meetod 112
Roheline pipar besaniga 113
Koostisained 113
meetod 113
Baklažaan hernestega 115
Koostisained 115
meetod 116
Bandakopir Ghonto 117
Koostisained 117
meetod 118

Dal Bukhara ... 119
   Koostisained ... 119
   meetod ... 120
Methi Dahal ... 121
   Koostisained ... 121
   Maitsestamiseks: ... 122
   meetod ... 122
malai koftas ... 123
   Koostisained ... 123
   Koftade jaoks: ... 124
   meetod ... 124
Aloo Palak ... 126
   Koostisained ... 126
   meetod ... 127
Dum ka Karela ... 128
   Koostisained ... 128
   Täidise jaoks: ... 128
   Maitsestamiseks: ... 129
   meetod ... 129
Navratna karri ... 131
   Koostisained ... 131
   Vürtside segu jaoks: ... 132
   meetod ... 132
Köögiviljasegu kofta tomatikarris ... 134
   Koostisained ... 134
   Karri jaoks: ... 134
   meetod ... 135

Muthias valges kastmes 136
    Koostisained 136
    Muthiase jaoks: 137
    meetod 137
pruun karri 138
    Koostisained 138
    meetod 139
teemantkarri 140
    Koostisained 140
    Teemantide juurde: 140
    meetod 141
köögiviljahautis 142
    Koostisained 142
    meetod 143
Seeneherne karri 144
    Koostisained 144
    meetod 145
Navratan Korma 146
    Koostisained 146
    meetod 147
Sindhi Sai Bhaji* 148
    Koostisained 148
    meetod 149
Nawabi peet 150
    Koostisained 150
    meetod 151
Baghara Baingan 152

- Koostisained 152
- meetod 153
- Aurutatud porgandi kofta 154
  - Koostisained 154
  - Kofta jaoks: 154
  - Pasta jaoks: 155
  - meetod 156
- dhingri shabnam 157
  - Koostisained 157
  - Täidise jaoks: 157
  - Kastme jaoks: 157
  - meetod 158
- Xacutti seen 160
  - Koostisained 160
  - meetod 161
- Paneer ja maisi karri 162
  - Koostisained 162
  - meetod 163
- Basant Bahar 164
  - Koostisained 164
  - Kastme jaoks: 165
  - meetod 165
- Palak Kofta 167
  - Koostisained 167
  - Kofta jaoks: 167
  - Kastme jaoks: 167
  - meetod 168

Kofta kapsas 170
    Koostisained 170
    Kofta jaoks: 170
    Kastme jaoks: 170
    meetod 171
koottu 172
    Koostisained 172
    meetod 173
Paneer või masala 174
    Koostisained 174
    Kastme jaoks: 174
    meetod 175
Mor Kolambu 177
    Koostisained 177
    Vürtside segu jaoks: 177
    meetod 178
Aloo Gobhi aur Methi ka Tuk 179
    Koostisained 179
    meetod 180
Lind 181
    Koostisained 181
    meetod 182
Petipiima karri 183
    Koostisained 183
    meetod 184
Lillkapsa kreem karriga 185
    Koostisained 185

meetod 186

herneste kasutamine 187

    Koostisained 187

    meetod 188

Aloo Posto 189

    Koostisained 189

    meetod 189

Roheline okse 190

    Koostisained 190

    meetod 191

tapa Paneer 192

    Koostisained 192

    meetod 193

Dahi Karela 194

    Koostisained 194

    meetod 195

Tomatikarri köögiviljadega 196

    Koostisained 196

    meetod 196

Doodhi koos Chana Dhaliga 197

    Koostisained 197

    meetod 198

Tomat Chi Bhaji* 199

    Koostisained 199

    meetod 200

kuivatatud kartulid 201

    Koostisained 201

meetod 201
Täidisega okra 203
    Koostisained 203
    meetod 203
Masala okra 205
    Koostisained 205
    meetod 205
lihtsalt tapa 206
    Koostisained 206
    meetod 207
Rohelised oad 208
    Koostisained 208
    meetod 208
Masala trummipulgad 209
    Koostisained 209
    meetod 210
Kuiv vürtsikas kartul 211
    Koostisained 211
    meetod 212
Khatte Palak 213
    Koostisained 213
    meetod 214

täidetud baklažaan

4 inimesele

Koostisained

10 väikest baklažaani

1 suur sibul, peeneks hakitud

3 spl riivitud värsket kookospähklit

1 tl jahvatatud köömneid

1 tl tšillipulbrit

50 g koriandri lehti, hakitud

1 sidruni mahl

Soola maitse järgi

3 supilusikatäit rafineeritud taimeõli

meetod

- Tee iga baklažaani ühte otsa noaga rist ja viiluta, jättes teise otsa lõikamata. Kõrvale panema.

- Segage ülejäänud koostisosad, välja arvatud õli. Täida see segu viilutatud baklažaanidega.

- Kuumuta pannil õli. Lisa baklažaan ja prae keskmisel kuumusel 3-4 minutit. Kata kaanega ja küpseta 10 minutit, aeg-ajalt baklažaane ettevaatlikult keerates. Serveeri kuumalt.

Sarson ka Saag

(sinep kastmes)

4 inimesele

Koostisained

3 supilusikatäit rafineeritud taimeõli

100 g sinepirohelist, hakitud

200 g peeneks hakitud spinatit

3 rohelist tšillit, pikuti viilutatud

1 cm ingverijuur, lõigatud julienne'iks

2 küüslauguküünt, hakitud

Soola maitse järgi

250 ml vett

2 supilusikatäit ghee

või tilk

meetod

- Kuumuta potis õli. Lisa sinep, spinat ja roheline tšilli. Prae neid keskmisel kuumusel minut.

- Lisa ingver, küüslauk, sool ja vesi. Sega hästi. Keeda 10 minutit madalal kuumusel.

- Blenderda segu segistis ühtlaseks massiks.

- Pane kastrulisse ja küpseta keskmisel kuumusel 15 minutit.

- Kaunista võiga. Serveeri kuumalt.

Shahi Paneer

(paneer rikkalikus kastmes)

4 inimesele

Koostisained

4 supilusikatäit rafineeritud taimeõli

500 g / 1 nael 2 untsi paneer*, Tükeldatud

2 suurt sibulat, jahvatatud pastaks

1 tl ingveripastat

1 tl küüslaugupastat

1 tl tšillipulbrit

300 grammi tomatipüreed

200 g jogurtit, vahustatud

250 ml / 8 fl untsi vedelat kreemi

Soola maitse järgi

meetod

- Kuumuta potis 1 spl õli. Lisage paneelitükid. Prae neid keskmisel kuumusel kuldpruuniks. Nõruta ja säilita.

- Valage samale pannile ülejäänud õli. Lisa sibul, ingveripasta ja küüslaugupasta. Prae minut aega. Lisa paneer ja ülejäänud koostisosad. Hauta 5 minutit, aegajalt segades. Serveeri kuumalt.

Tandoori kartul

4 inimesele

Koostisained

16 suurt kartulit, kooritud

Rafineeritud taimeõli praadimiseks

3 supilusikatäit peeneks hakitud tomateid

1 spl hakitud koriandri lehti

1 tl garam masala

100 g riivitud cheddari juustu

Soola maitse järgi

2 sidruni mahl

meetod

- Võtke kartulid välja. Reserveerige viljaliha ja õõnsad osad.

- Kuumuta pannil õli. Lisa õõnestatud kartulid. Prae neid keskmisel kuumusel kuldpruuniks. Kõrvale panema.

- Lisa korjatud kartulid ja kõik ülejäänud koostisosad peale sidrunimahla samale õlile. Hauta madalal kuumusel 5 minutit.

- Täida see segu õõnsatesse kartulitesse.

- Küpseta täidetud kartuleid 200°C ahjus (400°F, gaasimärk 6) 5 minutit.

- Nirista kartulitele sidrunimahla. Serveeri kuumalt.

maisi karri

4 inimesele

Koostisained

1 suur kartul, keedetud ja püreestatud

500 grammi tomatipüreed

3 supilusikatäit rafineeritud taimeõli

8 karrilehte

2 supilusikatäit ube*

1 tl ingveripastat

½ tl kurkumit

Soola maitse järgi

1 tl garam masala

1 tl tšillipulbrit

3 tl suhkrut

250 ml vett

4 maisitõlvikut, igaüks 3 tükiks lõigatud ja keedetud

meetod

- Sega kartulipuder hästi tomatipüreega. Kõrvale panema.

- Kuumuta potis õli. Lisa karrilehed. Lase neil 10 sekundit krõbedada. Lisa besani ingveripasta. Prae madalal kuumusel kuldpruuniks.

- Lisa kartuli- ja tomatisegu ning kõik ülejäänud koostisosad peale maisi. Keeda madalal kuumusel 3-4 minutit.

- Lisa maisitükid. Sega hästi. Keeda madalal kuumusel 8-10 minutit. Serveeri kuumalt.

Rohelise pipra masala

4 inimesele

Koostisained

1½ supilusikatäit rafineeritud taimeõli

1 tl garam masala

¼ teelusikatäit kurkumit

½ tl ingveripastat

½ tl küüslaugupastat

1 suur sibul, peeneks hakitud

1 tomat, peeneks hakitud

4 suurt rohelist paprikat, julieneeritud

125 g jogurtit

Soola maitse järgi

meetod

- Kuumuta potis õli. Lisa garam masala, kurkum, ingveripasta ja küüslaugupasta. Prae seda segu keskmisel kuumusel 2 minutit.

- Lisa sibul. Prae läbipaistvaks.

- Lisa tomat ja roheline pipar. Prae 2-3 minutit. Lisa jogurt ja sool. Sega hästi. Küpseta 6-7 minutit. Serveeri kuumalt.

Pudelkõrvits ilma õlita

4 inimesele

Koostisained

500 g / 1 nael 2 untsi pudelkõrvitsat*, kooritud ja tükeldatud

2 tomatit, peeneks hakitud

1 suur sibul, peeneks hakitud

1 tl ingveripastat

1 tl küüslaugupastat

2 rohelist tšillit peeneks hakitud

½ tl jahvatatud koriandrit

½ tl jahvatatud köömneid

25 g koriandri lehti, peeneks hakitud

120 ml vett

Soola maitse järgi

meetod

- Sega kõik koostisained omavahel. Keeda kastrulis madalal kuumusel 20 minutit. Serveeri kuumalt.

Okra jogurtiga

4 inimesele

Koostisained

3 supilusikatäit rafineeritud taimeõli

½ tl köömneid

500 g okra, tükeldatud

½ tl tšillipulbrit

¼ teelusikatäit kurkumit

2 rohelist tšillit, pikuti viilutatud

1 tl ingverit, viilutatud ribadeks

200 grammi jogurtit

1 tl Kissani*, lahustatakse 1 spl vees

Soola maitse järgi

1 spl peeneks hakitud koriandri lehti

meetod

- Kuumuta potis õli. Lisa köömned. Lase 15 sekundit mürtsuda.

- Lisage okra, tšillipulber, kurkum, roheline tšilli ja ingver.

- Hauta tasasel tulel 20 minutit, aeg-ajalt segades.

- Lisa jogurt, oasegu ja sool. Keeda 5 minutit.

- Kaunista okra koriandrilehtedega. Serveeri kuumalt.

Praetud Karela

(Praetud kibekõrvits)

4 inimesele

Koostisained

4 keskmist kibedat kõrvitsat*

Soola maitse järgi

1½ supilusikatäit rafineeritud taimeõli

½ tl sinepiseemneid

½ tl kurkumit

½ tl ingveripastat

½ tl küüslaugupastat

2 suurt sibulat, peeneks hakitud

½ tl tšillipulbrit

¾ tl pruuni suhkrut*, riivitud

meetod

- Koori kibekõrvitsad ja lõika pikuti pooleks. Visake seemned ära ja lõigake mõlemad pooled õhukesteks viiludeks. Lisa sool ja lase 20 minutit seista. Pigista vesi välja. Pange uuesti kõrvale.
- Kuumuta potis õli. Lisa sinepiseemned. Lase 15 sekundit mürtsuda.
- Lisa ülejäänud koostisosad ja prae keskmisel kuumusel 2-3 minutit. Lisa mõrukõrvits. Sega hästi. Keeda 5 minutit madalal kuumusel. Serveeri kuumalt.

Kapsas hernestega

4 inimesele

Koostisained

1 spl rafineeritud taimeõli

1 tl sinepiseemneid

2 rohelist tšillit, pikuti viilutatud

¼ teelusikatäit kurkumit

400 g kapsast, peeneks riivitud

125 g värskeid herneid

Soola maitse järgi

2 spl riivitud kookospähklit

meetod

- Kuumuta potis õli. Lisa sinepiseemned ja roheline tšilli. Lase 15 sekundit mürtsuda.
- Lisa ülejäänud koostisosad, välja arvatud kookospähkel. Keeda 10 minutit madalal kuumusel.
- Lisa kookospähkel. Sega hästi. Serveeri kuumalt.

Kartulid tomatikastmes

4 inimesele

Koostisained

2 spl rafineeritud taimeõli

1 tl köömneid

näputäis asafetida

½ tl kurkumit

4 suurt kartulit, keedetud ja tükeldatud

4 tomatit, peeneks hakitud

1 tl tšillipulbrit

Soola maitse järgi

1 spl hakitud koriandri lehti

meetod

- Kuumuta potis õli. Lisa köömned, asafetida ja kurkum. Lase 15 sekundit mürtsuda.
- Lisa ülejäänud koostisosad peale koriandri lehtede. Sega hästi. Keeda 10 minutit madalal kuumusel. Kaunista koriandrilehtedega. Serveeri kuumalt.

Tapa Palak

(herned ja spinat)

4 inimesele

Koostisained

400 g spinatit, aurutatud ja tükeldatud

2 rohelist tšillit

4-5 supilusikatäit rafineeritud taimeõli

1 tl köömneid

1 näputäis asafetida

1 tl kurkumit

1 suur sibul, peeneks hakitud

1 tomat, peeneks hakitud

1 suur kartul, tükeldatud

Soola maitse järgi

200 g rohelisi herneid

meetod

- Jahvata spinatit ja tšillit, kuni saad peene pasta. Kõrvale panema.
- Kuumuta potis õli. Lisa köömned, asafetida ja kurkum. Lase 15 sekundit mürtsuda.
- Lisa sibul. Prae keskmisel kuumusel läbipaistvaks.
- Lisa ülejäänud koostisosad. Sega hästi. Hauta tasasel tulel 7-8 minutit, aeg-ajalt segades.
- Lisa spinati nuudlid. Keeda 5 minutit madalal kuumusel. Serveeri kuumalt.

Masala kapsas

(vürtsikas kapsas)

4 inimesele

Koostisained

3 supilusikatäit rafineeritud taimeõli

1 tl köömneid

¼ teelusikatäit kurkumit

1 tl küüslaugupastat

1 tl ingveripastat

1 suur sibul, peeneks hakitud

1 tomat, peeneks hakitud

½ tl tšillipulbrit

Soola maitse järgi

400 g kapsast, peeneks hakitud

meetod

- Kuumuta potis õli. Lisa köömned ja kurkum. Lase 15 sekundit mürtsuda. Lisa küüslaugupasta, ingveripasta ja sibul. Prae keskmisel kuumusel 2-3 minutit.
- Lisa tomatid, tšillipulber, sool ja kapsas. Sega hästi. Kata kaanega ja keeda tasasel tulel 10-15 minutit. Serveeri kuumalt.

Baklažaani karri

4 inimesele

Koostisained

4 rohelist tšillit

1 tolline ingveri juur

50 g koriandri lehti, hakitud

3 supilusikatäit rafineeritud taimeõli

1 tl mangust dahal*

1 tl uraddal*

1 tl köömneid

½ tl sinepiseemneid

500 g väikseid baklažaane, lõigatud 5 cm tükkideks

½ tl kurkumit

1 tl tamarindipastat

Soola maitse järgi

250 ml vett

meetod

- Jahvata rohelist tšillit, ingverit ja koriandri lehti. Kõrvale panema.
- Kuumuta potis õli. Lisa mung dhal, urad dhal, köömned ja sinepiseemned. Laske neil 20 sekundit särisema.
- Lisa ülejäänud koostisosad ja ingveritšillipasta. Sega hästi. Kata kaanega ja hauta 10 minutit aeg-ajalt segades. Serveeri kuumalt.

Simla Mirchka Bharta

(tšilli piprad)

4 inimesele

Koostisained

3 keskmist rohelist paprikat

3 keskmist punast paprikat

3 supilusikatäit rafineeritud taimeõli

2 suurt sibulat, peeneks hakitud

6 peeneks hakitud küüslauguküünt

2,5 cm ingverijuur, peeneks hakitud

½ tl tšillipulbrit

¼ teelusikatäit kurkumit

2 tomatit, tükeldatud

1 tl soola

1 spl hakitud koriandri lehti

meetod

- Grilli rohelist ja punast paprikat 5-6 minutit. Pöörake neid sageli, et tagada nende ühtlane küpsemine.
- Koorige põlenud nahk, eemaldage varred ja seemned ning lõigake paprika väikesteks tükkideks. Kõrvale panema.
- Kuumuta potis õli. Lisa sibul, küüslauk ja ingver. Prae neid keskmisel kuumusel, kuni sibul on kuldpruun.
- Lisa tšillipulber, kurkum, tomatid ja sool. Prae segu 4-5 minutit.
- Lisa paprika. Sega hästi. Kata kaanega ja keeda tasasel tulel 30 minutit.
- Kaunista köögiviljad koriandri lehtedega. Serveeri kuumalt.

Kiire kõrvitsa karri

4 inimesele

Koostisained

1 keskmine pudelkõrvits*, kooritud ja tükeldatud

1 suur sibul, peeneks hakitud

60 g peeneks hakitud tomateid

4-5 küüslauguküünt hakitud

1 spl tomatikastet

1 spl kuivatatud lambaläätse lehti

½ tl kurkumit

¼ tl värskelt jahvatatud musta pipart

2 supilusikatäit piima

Soola maitse järgi

1 spl hakitud koriandri lehti

meetod

- Küpseta kõiki koostisosi, välja arvatud koriandrilehed, potis keskmisel-kõrgel kuumusel 20 minutit, aeg-ajalt segades. Katke kaanega.
- Segage segu korralikult läbi. Kaunista koriandrilehtedega. Serveeri kuumalt.

Kaala Chana karri

(Musta kikerherne karri)

4 inimesele

Koostisained

250g / 9oz Kaala Chana*, leotatud üleöö

näputäis küpsetuspulbrit

Soola maitse järgi

1 liiter vett

1 väike sibul

1 tolline ingveri juur

1 spl ghee

1 tomat, tükeldatud

½ tl kurkumit

½ tl tšillipulbrit

8-10 karrilehte

1 supilusikatäis tamarindipastat

meetod

- Sega chana söögisooda, soola ja poole veega. Küpseta kastrulis keskmisel kuumusel 45 minutit. Tükelda ja varu.
- Jahvatage sibul ja ingver, kuni saate pasta.
- Kuumuta potis ghee. Lisa sibula-ingveri pasta ja prae kuldpruuniks.
- Lisa chana segu ja ülejäänud koostisosad. Sega hästi. Hauta tasasel tulel 8-10 minutit, aeg-ajalt segades. Serveeri kuumalt.

Kaline

(köögiviljasegu piimas)

4 inimesele

Koostisained

750 ml / 1¼ liitrit piima

2 rohelist banaani, kooritud ja tükeldatud

Kõrvitsa pudel 250g / 9oz*, Tükeldatud

100 g hakitud kapsast

2 tomatit, tükeldatud

1 suur roheline paprika, tükeldatud

1 tl tamarindipastat

1 tl jahvatatud koriandrit

1 tl jahvatatud köömneid

2 tl tšillipulbrit

2 tl pruuni suhkrut*, riivitud

100 g / 3½ untsi koriandri lehti, peeneks hakitud

2 supilusikatäit khoya*

Soola maitse järgi

1 spl peeneks hakitud koriandri lehti

meetod

- Kuumuta piima kastrulis keskmisel kõrgel kuumusel, kuni see hakkab keema. Lisa banaan ja kõrvits. Sega hästi. Keeda 5 minutit.
- Lisa ülejäänud koostisosad peale koriandri lehtede. Sega hästi. Hauta tasasel tulel 8-10 minutit, sageli segades.
- Kaunista Kalina koriandrilehtedega. Serveeri kuumalt.

Lillkapsa tandoori

4 inimesele

Koostisained

1½ tl tšillipulbrit

1½ tl garam masala

2 sidruni mahl

100 grammi jogurtit

must sool maitse järgi

1 kg lillkapsa õisikuid

meetod

- Sega kõik koostisosad, välja arvatud lillkapsas. Seejärel marineerige lillkapsast selle seguga 4 tundi.
- Küpseta eelkuumutatud ahjus 200°C (400°F, gaasimärk 6) 5-7 minutit. Serveeri kuumalt.

Vürtsikas Kaala Chana

4 inimesele

Koostisained

500 g / 1 nael 2 untsi Kaala Chana*, leotatud üleöö

500 ml vett

Soola maitse järgi

3 supilusikatäit rafineeritud taimeõli

näputäis asafetida

½ tl sinepiseemneid

1 tl köömneid

2 hammast

1 cm kaneeli

¼ teelusikatäit kurkumit

1 tl jahvatatud koriandrit

1 tl jahvatatud köömneid

½ tl garam masala

1 tl tamarindipastat

1 spl hakitud koriandri lehti

meetod

- Keeda chana't koos vee ja soolaga kastrulis keskmisel kuumusel 20 minutit. Kõrvale panema.
- Kuumuta potis õli. Lisa asafetida ja sinepiseemned. Lase 15 sekundit mürtsuda. Lisa keedetud chana ja ülejäänud koostisosad peale koriandrilehtede. Keeda madalal kuumusel 10-15 minutit.
- Kaunista vürtsikas Kaala Chana koriandrilehtedega. Serveeri kuumalt.

Tur Dhal Kofta

(lõigatud punase grammi lihapallid)

4 inimesele

Koostisained

600 g masoor dhal*, leotatud üleöö

3 peeneks hakitud rohelist tšillit

3 spl hakitud koriandri lehti

60 g / 2 untsi riivitud kookospähklit

3 supilusikatäit köömneid

näputäis asafetida

Soola maitse järgi

Rafineeritud taimeõli praadimiseks

meetod

- Pese dhal ja lõika suurteks tükkideks. Sõtku ülejäänud koostisosadega, välja arvatud õli, korralikult läbi, kuni moodustub ühtlane tainas. Jaga kreeka pähkli suurusteks pallideks.
- Kuumuta potis õli. Lisa pallid ja prae tasasel tulel kuldpruuniks. Nõruta koftas ja serveeri kuumalt.

Shahi lillkapsas

(rikas lillkapsas)

4 inimesele

Koostisained

8 küüslauguküünt

1 tolline ingveri juur

½ tl kurkumit

2 suurt sibulat, riivitud

4 tl mooniseemneid

2 supilusikatäit ghee

200 g jogurtit, vahustatud

5 tomatit, peeneks hakitud

200 g konservherneid

1 tl suhkrut

2 spl rõõska koort

Soola maitse järgi

250 ml vett

500 g lillkapsa õisikuid, praetud

8 väikest kartulit, praetud

meetod

- Jahvata küüslauk, ingver, kurkum, sibul ja mooniseemned peeneks pastaks. Kõrvale panema.
- Kuumuta potis 1 spl ghee'd. Lisa mooniseemnepasta. Prae 5 minutit. Lisa ülejäänud koostisosad peale lillkapsa ja kartuli. Keeda 4 minutit madalal kuumusel.
- Lisa lillkapsas ja kartul. Hauta 15 minutit ja serveeri kuumalt.

Gojju okra

(okrakompott)

4 inimesele

Koostisained

500 g okra, viilutatud

Soola maitse järgi

2 spl rafineeritud taimeõli, lisaks praadimiseks

1 tl sinepiseemneid

näputäis asafetida

200 grammi jogurtit

250 ml vett

meetod

- Sega okra soolaga. Kuumuta potis õli ja prae okra keskmisel kuumusel kuldpruuniks. Kõrvale panema.
- Kuumuta 2 spl õli. Lisa sinep ja asafetida. Lase 15 sekundit mürtsuda. Lisa okra, jogurt ja vesi. Sega hästi. Serveeri kuumalt.

Jam rohelises kastmes

4 inimesele

Koostisained

300 g / 10 untsi jamssi*, õhukeselt viilutatud

1 tl tšillipulbrit

1 tl amkrut*

½ tl jahvatatud musta pipart

Soola maitse järgi

Rafineeritud taimeõli praadimiseks

Kastme jaoks:

400 g hakitud spinatit

100 g pudelkõrvitsat*, riivitud

näputäis küpsetuspulbrit

3 rohelist tšillit

2 tl täistera nisujahu

Soola maitse järgi

3 supilusikatäit rafineeritud taimeõli

1 cm ingverijuur, lõigatud julienne'iks

1 väike sibul peeneks hakitud

Näputäis jahvatatud kaneeli

Näputäis jahvatatud nelki

meetod

- Viska jamsiviilud tšillipulbri, amchoori, pipra ja soolaga.
- Kuumuta potis õli. Lisa jamsiviilud. Prae neid keskmisel kuumusel kuldpruuniks. Nõruta ja säilita.
- Kastmeks sega kokku spinat, pudelkõrvits ja söögisooda. aur (vttoiduvalmistamise tehnikad) Küpseta segu aurutisel keskmisel kuumusel 10 minutit.
- Jahvata seda segu koos rohelise tšilli, jahu ja soolaga, kuni saad poolsileda pasta. Kõrvale panema.
- Kuumuta potis õli. Lisa ingver ja sibul. Prae keskmisel kuumusel, kuni sibul muutub kuldseks. Lisa jahvatatud kaneel, jahvatatud nelk ja spinati segu. Sega hästi. Hauta keskmisel-kõrgel tulel 8-10 minutit, aeg-ajalt segades.
- Lisage jamss sellele rohelisele kastmele. Sega hästi. Kata kaanega ja keeda tasasel tulel 4-5 minutit. Serveeri kuumalt.

Simla Mirchki Sabzi

(Kuivatatud roheline paprika)

4 inimesele

Koostisained

2 spl rafineeritud taimeõli

2 suurt sibulat, peeneks hakitud

¾ tl ingveripastat

¾ tl küüslaugupastat

1 tl jahvatatud koriandrit

¼ teelusikatäit kurkumit

½ tl garam masala

½ tl tšillipulbrit

2 tomatit, peeneks hakitud

Soola maitse järgi

4 suurt rohelist paprikat, tükeldatud

1 spl peeneks hakitud koriandri lehti

meetod

- Kuumuta potis õli. Lisa sibul, ingveripasta ja küüslaugupasta. Prae keskmisel kuumusel, kuni sibul on kuldpruun.
- Lisa kõik ülejäänud koostisosad peale koriandri lehtede. Sega hästi. Hauta segu madalal kuumusel 10-15 minutit.
- Kaunista koriandrilehtedega. Serveeri kuumalt.

Lillkapsa karri

4 inimesele

Koostisained

3 supilusikatäit rafineeritud taimeõli

1 tl köömneid

¼ teelusikatäit kurkumit

1 tl ingveripastat

1 tl jahvatatud koriandrit

1 tl tšillipulbrit

200 grammi tomatipüreed

1 tl tuhksuhkrut

Soola maitse järgi

400 g lillkapsa õisikuid

120 ml vett

meetod

- Kuumuta potis õli. Lisa köömned. Lase 15 sekundit mürtsuda.
- Lisa ülejäänud koostisosad, välja arvatud vesi. Sega hästi. Lisa vesi. Kata kaanega ja keeda tasasel tulel 12-15 minutit. serveeri kuumalt

Haq

(spinati karri)

4 inimesele

Koostisained

1/2 tolline ingverijuur, julieneeritud

1 tl apteegitilli seemneid, jahvatatud

2 spl rafineeritud taimeõli

2 kuivatatud punast tšillit

¼ teelusikatäit Asantida

1 roheline tšilli, pikuti viilutatud

Soola maitse järgi

400 g peeneks hakitud spinatit

500 ml vett

meetod

- Kuivatatud röstitud ingveri ja apteegitilli seemned. Kõrvale panema.
- Kuumuta potis õli. Lisa punane tšilli, asafetida, roheline tšilli ja sool. Prae seda segu keskmisel kuumusel 1 minut.
- Lisa ingveri ja apteegitilli seemnete segu. Prae minut aega. Lisa spinat ja vesi. Kata kaanega ja keeda tasasel tulel 8-10 minutit. Serveeri kuumalt.

kuivatatud lillkapsas

4 inimesele

Koostisained

3 supilusikatäit rafineeritud taimeõli

1 tl köömneid

¼ teelusikatäit kurkumit

2 rohelist tšillit peeneks hakitud

1 tl ingveripastat

½ tl tuhksuhkrut

400 g lillkapsa õisikuid

Soola maitse järgi

60 ml vett

10 g / ¼ untsi koriandri lehti, tükeldatud

meetod

- Kuumuta potis õli. Lisa köömned. Lase 15 sekundit mürtsuda.
- Lisa kurkum, roheline tšilli, ingveripasta ja tuhksuhkur. Prae minut keskmisel kuumusel. Lisa lillkapsas, sool ja vesi. Sega hästi. Kata kaanega ja keeda tasasel tulel 12-15 minutit.
- Kaunista koriandrilehtedega. Serveeri kuumalt.

köögivilja korma

(Köögiviljasegu)

4 inimesele

Koostisained

3 supilusikatäit rafineeritud taimeõli

1 cm kaneeli

2 hammast

2 rohelist kardemoni kauna

2 suurt sibulat, peeneks hakitud

¼ teelusikatäit kurkumit

½ tl ingveripastat

½ tl küüslaugupastat

Soola maitse järgi

300 g / 10 untsi külmutatud köögivilju

250 ml vett

1 tl mooniseemneid

meetod

- Kuumuta potis õli. Lisa kaneel, nelk ja kardemon. Laske neil 30 sekundit särisema.
- Lisa sibul, kurkum, ingveripasta, küüslaugupasta ja sool. Prae segu keskmisel-kõrgel kuumusel pidevalt segades 2-3 minutit.
- Lisa köögiviljad ja vesi. Sega hästi. Kata kaanega ja hauta aeg-ajalt segades 5-6 minutit.
- Lisa mooniseemned. Sega hästi. Keeda madalal kuumusel veel 2 minutit. Serveeri kuumalt.

Praetud baklažaan

4 inimesele

Koostisained

500 g / 1 nael 2 untsi baklažaani, viilutatud

4 supilusikatäit rafineeritud taimeõli

Marinaadi jaoks:

1 tl tšillipulbrit

½ tl jahvatatud musta pipart

½ tl kurkumit

1 tl amkrut*

Soola maitse järgi

1 spl riisijahu

meetod

- Sega marinaadi ained omavahel. Marineeri baklažaaniviile selle seguga 10 minutit.
- Kuumuta pannil õli. Lisa baklažaaniviilud. Prae neid madalal kuumusel 7 minutit. Keera viilud ja prae uuesti 3 minutit. Serveeri kuumalt.

punase tomati karri

4 inimesele

Koostisained

1 spl kuivi röstitud maapähkleid

1 spl röstitud india pähkleid

4 tomatit, tükeldatud

1 väike roheline paprika, tükeldatud

3 supilusikatäit rafineeritud taimeõli

1 tl ingveripastat

1 tl küüslaugupastat

1 suur sibul hakitud

1½ tl garam masala

¼ teelusikatäit kurkumit

½ tl suhkrut

Soola maitse järgi

meetod

- Sega ja jahvata maapähklid ja india pähklid. Kõrvale panema.
- Jahvatage tomatid ja roheline pipar kokku. Kõrvale panema.
- Kuumuta pannil õli. Lisa ingveripasta ja küüslaugupasta. Prae minut keskmisel kuumusel. Lisa sibul, garam masala, kurkum, suhkur ja sool. Prae segu 2-3 minutit.
- Lisa maapähkli india pähkli segu ning tomati ja pipra segu. Sega hästi. Kata kaanega ja keeda tasasel tulel 15 minutit. Serveeri kuumalt.

Karri Aloo Matar

(kartuli ja herne karri)

4 inimesele

Koostisained

1½ supilusikatäit rafineeritud taimeõli

1 tl köömneid

1 suur sibul, peeneks hakitud

½ tl kurkumit

1 tl jahvatatud koriandrit

1 tl jahvatatud köömneid

1 tl tšillipulbrit

200 grammi tomatipüreed

Soola maitse järgi

2 suurt kartulit, tükeldatud

400 grammi herneid

120 ml vett

meetod

- Kuumuta potis õli. Lisa köömned. Lase 15 sekundit mürtsuda. Lisa sibul. Prae seda keskmisel kuumusel kuldpruuniks.
- Lisa ülejäänud koostisosad. Keeda 15 minutit madalal kuumusel. Serveeri kuumalt.

Badshahi Baingan

(Baklažaan a la Real)

4 inimesele

Koostisained

8 väikest baklažaani

Soola maitse järgi

30 grammi ghee-d

2 suurt sibulat, viilutatud

1 spl india pähkleid

1 supilusikatäis rosinaid

1 tl ingveripastat

1 tl küüslaugupastat

1 tl jahvatatud koriandrit

1 tl garam masala

¼ teelusikatäit kurkumit

200 grammi jogurtit

1 tl hakitud koriandri lehti

meetod

- Poolita baklažaanid pikuti. Hõõruge neid soolaga ja jätke 10 minutiks kõrvale. Pigista liigne niiskus välja ja tõsta uuesti kõrvale.
- Kuumuta potis ghee. Lisa sibul, india pähklid ja rosinad. Prae neid keskmisel kuumusel kuldpruuniks. Nõruta ja säilita.
- Pane baklažaanid samasse ghee sisse ja prae keskmisel kuumusel pehmeks. Nõruta ja säilita.
- Lisage samale ghee'le ingveripasta ja küüslaugupasta. Prae minut aega. Sega hulka ülejäänud koostisosad. Küpseta 7-8 minutit keskmisel kuumusel.
- Lisa baklažaanid. Keeda 2 minutit madalal kuumusel. Kaunista praetud sibulate, india pähklite ja rosinatega. Serveeri kuumalt.

Kartulid garam masalas

4 inimesele

Koostisained

3 supilusikatäit rafineeritud taimeõli

1 suur sibul, peeneks hakitud

10 peeneks hakitud küüslauguküünt

½ tl kurkumit

1 tl garam masala

Soola maitse järgi

3 suurt kartulit, keedetud ja tükeldatud

240 ml vett

meetod

- Kuumuta potis õli. Lisa sibul ja küüslauk. Prae 2 minutit.
- Lisa ülejäänud koostisosad ja sega korralikult läbi. Serveeri kuumalt.

Tamili korma

(tamili stiilis köögiviljasegud)

4 inimesele

Koostisained

4 supilusikatäit rafineeritud taimeõli

1 tl köömneid

2 suurt kartulit, tükeldatud

2 suurt porgandit, tükeldatud

100 g rohelisi ube, tükeldatud

Soola maitse järgi

Vürtside segu jaoks:

100 g / 3½ untsi värsket kookospähklit, riivitud

4 rohelist tšillit

100 g koriandri lehti, hakitud

1 tl mooniseemneid

1 tl ingveripastat

1 tl kurkumit

meetod

- Jahvata kõik vürtsisegu koostisosad ühtlaseks pastaks. Kõrvale panema.
- Kuumuta õli. Lisa köömned. Lase 15 sekundit mürtsuda.
- Lisa ülejäänud koostisosad ja jahvatatud vürtsisegu. Hauta tasasel tulel 15 minutit, aeg-ajalt segades. Serveeri kuumalt.

Kuivatage baklažaanid sibula ja kartuliga

4 inimesele

Koostisained

3 supilusikatäit rafineeritud taimeõli

1 tl sinepiseemneid

300 g baklažaani, tükeldatud

¼ teelusikatäit kurkumit

3 väikest sibulat, peeneks hakitud

2 suurt kartulit, keedetud ja tükeldatud

1 tl tšillipulbrit

1 tl amkrut*

Soola maitse järgi

meetod

- Kuumuta potis õli. Lisa sinepiseemned. Lase 15 sekundit mürtsuda.
- Lisa baklažaan ja kurkum. Prae madalal kuumusel 10 minutit.
- Lisa ülejäänud koostisosad. Sega hästi. Kata kaanega ja keeda tasasel tulel 10 minutit. Serveeri kuumalt.

Koftas Lajawab

(juustukotletid kastmes)

4 inimesele

Koostisained

3 supilusikatäit rafineeritud taimeõli

3 suurt sibulat, riivitud

2,5 cm ingverijuur, jahvatatud

3 tomatit, püreestatud

1 tl kurkumit

Soola maitse järgi

120 ml vett

Koftade jaoks:

400 g cheddari juustu, riivitud

250 grammi maisijahu

½ tl värskelt jahvatatud musta pipart

1 tl garam masala

Soola maitse järgi

Rafineeritud taimeõli praadimiseks

meetod

- Sega kokku kõik kofta koostisosad, välja arvatud õli. Jaga kreeka pähkli suurusteks pallideks. Kuumuta potis õli. Lisa koftas. Prae neid keskmisel kuumusel kuldpruuniks. Nõruta ja säilita.
- Kuumuta potis 3 spl õli. Lisa sibulad ja prae kuldpruuniks.
- Lisa ülejäänud koostisosad ja sega korralikult läbi. Keeda 8 minutit, aeg-ajalt segades. Lisage sellele kastmele koftas ja serveerige kuumalt.

Teekha Baingan Masala

(vürtsikas baklažaan)

4 inimesele

Koostisained

2 spl rafineeritud taimeõli

3 suurt sibulat, hakitud

10 küüslauguküünt, hakitud

1 tolline ingveri juur, riivitud

1 tl tamarindipastat

2 spl garam masala

Soola maitse järgi

500 g väikeseid baklažaane, tükeldatud

meetod

- Kuumuta potis 2 spl õli. Lisa sibulad. Prae keskmisel kuumusel 3 minutit. Lisa küüslauk, ingver, tamarind, garam masala ja sool. Sega hästi.
- Lisa baklažaanid. Sega hästi. Kata kaanega ja hauta aeg-ajalt segades 15 minutit. Serveeri kuumalt.

köögivilja kofta

(köögiviljalihapallid koorekastmes)

4 inimesele

Koostisained

6 suurt kartulit, kooritud ja tükeldatud

3 suurt porgandit, kooritud ja tükeldatud

Soola maitse järgi

jahu harjamiseks

2 spl rafineeritud taimeõli, lisaks praadimiseks

3 suurt sibulat, õhukeselt viilutatud

4 peeneks hakitud küüslauguküünt

2,5 cm ingverijuur, peeneks hakitud

4 nelki, jahvatatud

½ tl kurkumit

2 tomatit, püreestatud

1 tl tšillipulbrit

4 spl topeltkoort

25 g koriandri lehti, hakitud

meetod

- Keeda kartuleid ja porgandeid soolaga maitsestatud vees 15 minutit. Nõruta ja jäta puljong alles. Soola ja püreesta köögiviljad.
- Jaga püree sidrunisuurusteks pallideks. Kata jahuga ja prae kofta õlis keskmisel kuumusel kuldpruuniks. Kõrvale panema.
- Kuumuta potis 2 spl õli. Lisa sibul, küüslauk, ingver, nelk ja kurkum. Prae keskmisel kuumusel 4-5 minutit. Lisa tomatid, tšillipulber ja köögiviljapuljong. Keeda 4 minutit madalal kuumusel.
- Lisa koftas. Kaunista vahukoore ja koriandrilehtedega. Serveeri kuumalt.

kuivatatud kõrvits

4 inimesele

Koostisained

3 supilusikatäit rafineeritud taimeõli

1 tl köömneid

¼ teelusikatäit kurkumit

¾ tl jahvatatud koriandrit

Soola maitse järgi

750 g / 1 nael 10 untsi kõrvitsat, tükeldatud

60 ml vett

meetod

- Kuumuta potis õli. Lisa köömned ja kurkum. Lase 15 sekundit mürtsuda.
- Lisa ülejäänud koostisosad. Sega hästi. Kata kaanega ja keeda tasasel tulel 15 minutit. Serveeri kuumalt.

Köögiviljasegu lambaläätsega

4 inimesele

Koostisained

4-5 supilusikatäit rafineeritud taimeõli

1 tl sinepiseemneid

½ tl lambaläätse seemneid

2 suurt sibulat, peeneks hakitud

2 suurt maguskartulit, tükeldatud

4 väikest baklažaani, tükeldatud

2 suurt rohelist paprikat, tükeldatud

3 suurt kartulit, tükeldatud

100 g rohelisi ube, tükeldatud

½ tl kurkumit

1 tl tšillipulbrit

2 supilusikatäit tamarindipastat

1 spl hakitud koriandri lehti

8-10 karrilehte

1 tl suhkrut

Soola maitse järgi

750 ml / 1¼ pint vett

meetod

- Kuumuta potis õli. Lisa sinepiseemned ja lambalääts. Lase 15 sekundit mürtsuda. Lisa sibulad. Prae läbipaistvaks.
- Lisa ülejäänud koostisosad, välja arvatud vesi. Sega hästi. Lisa vesi. Keeda madalal kuumusel 20 minutit. Serveeri kuumalt.

Dum Gobhi

(aeglaselt keedetud lillkapsas)

4 inimesele

Koostisained

2,5 cm / 1 tolli ingverijuur, lõigatud julienneks

2 tomatit, peeneks hakitud

¼ teelusikatäit kurkumit

1 supilusikatäis jogurtit

½ tl garam masala

Soola maitse järgi

800 g lillkapsa õisikuid

meetod

- Sega kõik koostisosad, välja arvatud lillkapsa õisikud.
- Asetage lillkapsa õisikud kastrulisse ja valage see segu neile. Kata kaanega ja hauta aeg-ajalt segades 20 minutit. Serveeri kuumalt.

chole

(kikerherne karri)

5 portsjoni jaoks

Koostisained

375g kikerherneid, üleöö leotatud

1 liiter vett

Soola maitse järgi

1 tomat, peeneks hakitud

3 väikest sibulat, peeneks hakitud

1½ supilusikatäit koriandri lehti, peeneks hakitud

2 spl rafineeritud taimeõli

1 tl köömneid

1 tl ingveripastat

1 tl küüslaugupastat

2 loorberilehte

1 tl suhkrut

1 tl tšillipulbrit

½ tl kurkumit

1 spl ghee

4 rohelist tšillit, lõigatud pikuti

½ tl jahvatatud kaneeli

½ tl jahvatatud nelki

1 sidruni mahl

meetod

- Sega kikerherned poole vee ja soolaga. Keeda seda segu kastrulis keskmisel-kõrgel kuumusel 30 minutit. Tõsta tulelt ja nõruta kikerherned.
- Jahvata 2 spl kikerherneid koos poole tomati, ühe sibula ja poolte koriandrilehtedega peeneks pastaks. Kõrvale panema.
- Kuumuta suurel pannil õli. Lisa köömned. Lase 15 sekundit mürtsuda.
- Lisa ülejäänud sibul, ingveripasta ja küüslaugupasta. Prae seda segu keskmisel kuumusel, kuni sibulad on kuldpruunid.
- Lisa ülejäänud tomatid koos loorberilehtede, suhkru, tšillipulbri, kurkumi ja tomati kikerhernepastaga. Prae seda segu keskmisel kuumusel 2-3 minutit.
- Lisa ülejäänud kikerherned koos ülejäänud veega. Keeda madalal kuumusel 8-10 minutit. Kõrvale panema.

- Kuumuta väikeses potis ghee. Lisa rohelised tšilli, jahvatatud kaneel ja nelk. Laske neil 30 sekundit särisema. Vala see segu kikerhernestele. Sega hästi.

Nirista koole peale sidrunimahla ja ülejäänud koriandrilehed. Serveeri kuumalt.

Baklažaani karri sibula ja kartuliga

4 inimesele

Koostisained

3 supilusikatäit rafineeritud taimeõli

2 suurt sibulat, peeneks hakitud

1 tl ingveripastat

1 tl küüslaugupastat

1 tl jahvatatud koriandrit

1 tl jahvatatud köömneid

1 tl tšillipulbrit

¼ teelusikatäit kurkumit

120 ml vett

Soola maitse järgi

250 g väikseid baklažaane

250 g beebikartulit, poolitatud

50 g koriandri lehti, peeneks hakitud

meetod
- Kuumuta potis õli. Lisa sibulad. Prae läbipaistvaks.
- Lisa ülejäänud koostisosad peale koriandri lehtede. Sega hästi. Keeda 15 minutit madalal kuumusel.
- Kaunista koriandrilehtedega. Serveeri kuumalt.

Lihtne pudelkõrvits

4 inimesele

Koostisained

½ supilusikatäit ghee

1 tl köömneid

2 rohelist tšillit, pikuti viilutatud

750 g / 1 nael 10 untsi pudelkõrvitsat*, Tükeldatud

Soola maitse järgi

120 ml piima

1 spl riivitud kookospähklit

10 g / ¼ untsi koriandri lehti, peeneks hakitud

meetod

- Kuumuta potis ghee. Lisa köömned ja roheline tšilli. Lase 15 sekundit mürtsuda.
- Lisa kõrvits, sool ja piim. Keeda madalal kuumusel 10-12 minutit.
- Lisa ülejäänud koostisosad. Sega hästi. Serveeri kuumalt.

Segatud köögiviljakarri

4 inimesele

Koostisained

3 supilusikatäit rafineeritud taimeõli

1 tl köömneid

1 tl jahvatatud koriandrit

½ tl jahvatatud köömneid

1 tl tšillipulbrit

¼ teelusikatäit kurkumit

½ tl suhkrut

1 ribadeks lõigatud porgand

1 suur kartul, tükeldatud

200 g / 7 untsi hakitud rohelisi ube

50 g lillkapsa õisikuid

Soola maitse järgi

200 grammi tomatipüreed

120 ml vett

10 g / ¼ untsi koriandri lehti, peeneks hakitud

meetod

- Kuumuta potis õli. Lisa köömned, jahvatatud koriander ja jahvatatud köömned. Lase 15 sekundit mürtsuda.
- Lisa ülejäänud koostisosad peale koriandri lehtede. Sega hästi. Keeda 15 minutit madalal kuumusel.
- Kaunista karri koriandrilehtedega. Serveeri kuumalt.

Kuivatatud köögiviljasegud

4 inimesele

Koostisained

3 supilusikatäit rafineeritud taimeõli

1 tl köömneid

1 tl jahvatatud koriandrit

½ tl jahvatatud köömneid

¼ teelusikatäit kurkumit

Lõika 1 porgand julienne'iks

1 suur kartul, tükeldatud

200 g / 7 untsi hakitud rohelisi ube

60 g lillkapsa õisikuid

Soola maitse järgi

120 ml vett

10 g / ¼ untsi koriandri lehti, tükeldatud

meetod

- Kuumuta potis õli. Lisa köömned. Lase 15 sekundit mürtsuda.
- Lisa ülejäänud koostisosad peale koriandri lehtede. Sega hästi ja keeda tasasel tulel 15 minutit.
- Kaunista koriandrilehtedega ja serveeri kuumalt.

Kuivatage kartul ja herned

4 inimesele

Koostisained

3 supilusikatäit rafineeritud taimeõli

1 tl köömneid

½ tl kurkumit

1 tl garam masala

2 suurt kartulit, keedetud ja tükeldatud

400 grammi keedetud herneid

Soola maitse järgi

meetod

- Kuumuta potis õli. Lisa köömned ja kurkum. Lase 15 sekundit mürtsuda.
- Lisa ülejäänud koostisosad. Prae keskmisel kuumusel 5 minutit. Serveeri kuumalt.

Dhokar Dhalna

(Bengali grammi karri)

4 inimesele

Koostisained

300 g / 10 untsi Chana Dhal*, leotatud üleöö

2 supilusikatäit sinepiõli

1 tl köömneid

Soola maitse järgi

5 cm / 2 tolli kaneeli

4 rohelist kardemoni kauna

6 hammast

½ tl kurkumit

½ tl suhkrut

250 ml vett

3 suurt kartulit, tükeldatud ja praetud

meetod

- Jahvata chana dhal piisavalt veega, et moodustuks ühtlane pasta. Kõrvale panema.
- Kuumuta potis pool õlist. Lisa pool köömnetest. Lase 15 sekundit mürtsuda. Lisa dhal-pasta ja sool. Prae 2-3 minutit. Nõruta ja laota suurele taldrikule ning lase puhata. Lõika 2,5 cm tükkideks. Kõrvale panema.
- Prae need dhali tükid ülejäänud õlis kuldpruuniks. Kõrvale panema.
- Samas õlis lisa ülejäänud koostisosad peale kartuli. Keeda 2 minutit. Lisa kartulid ja dhali tükid. Sega hästi. Keeda madalal kuumusel 4-5 minutit. Serveeri kuumalt.

Vürtsikad kartulikrõpsud

4 inimesele

Koostisained

250 ml / 8 fl oz rafineeritud taimeõli

3 suurt kartulit, lõigatud õhukesteks ribadeks

½ tl tšillipulbrit

1 tl värskelt jahvatatud musta pipart

Soola maitse järgi

meetod

- Kuumuta potis õli. Lisa kartuliribad. Prae neid keskmisel kuumusel kuldpruuniks.
- Nõruta ja sega ülejäänud koostisosadega korralikult läbi. Serveeri kuumalt.

Kõrvits keedetud grammiga

4 inimesele

Koostisained

1 spl rafineeritud taimeõli

1 tl köömneid

½ tl kurkumit

500 g / 1 nael 2 untsi kõrvitsat, tükeldatud

125g Kaala Chana*, keedetud

1 tl jahvatatud koriandrit

1 tl jahvatatud köömneid

1 tl tšillipulbrit

Soola maitse järgi

120 ml vett

10 g / ¼ untsi koriandri lehti, peeneks hakitud

meetod

- Kuumuta potis õli. Lisa köömned ja kurkum. Lase 15 sekundit mürtsuda.
- Lisa ülejäänud koostisosad, välja arvatud vesi ja koriandrilehed. Prae segu keskmisel kuumusel 2-3 minutit.
- Lisa vesi. Sega hästi. Kata kaanega ja hauta aeg-ajalt segades 15 minutit.
- Kaunista koriandrilehtedega. Serveeri kuumalt.

Loll aloo

(aeglaselt keedetud kartul)

4 inimesele

Koostisained

1 spl rafineeritud taimeõli

500g beebikartulit, keedetud ja kooritud

Soola maitse järgi

1 tl tamarindipastat

Pasta jaoks:

½ tl tšillipulbrit

¼ teelusikatäit kurkumit

¼ tl musta pipart

2 tl koriandri seemneid

1 must kardemon

2,5 cm / 1 tolli kaneeli

2 hammast

6 küüslauguküünt

meetod

- Jahvata pasta koostisosad kokku. Kuumuta pannil õli. Lisa nuudlid. Prae keskmisel kuumusel 10 minutit.
- Lisa ülejäänud koostisosad. Sega hästi. Keeda 8 minutit. Serveeri kuumalt.

Köögivilja Makkhanwala

(köögiviljad võis)

4 inimesele

Koostisained

120 ml / 4 fl untsi vedelat kreemi

½ tl tavalist valget jahu

120 ml piima

4 spl tomatikastet

1 spl võid

2 suurt sibulat, peeneks hakitud

500 g külmutatud köögivilju

1 tl garam masala

½ tl tšillipulbrit

Soola maitse järgi

meetod

- Vahusta koor, jahu, piim ja ketšup. Kõrvale panema.
- Kuumuta potis või. Lisa sibulad. Prae neid keskmisel kuumusel, kuni need muutuvad läbipaistvaks.
- Lisa köögiviljad, garam masala, tšillipulber, sool ning koore-jahusegu. Sega hästi. Keeda madalal kuumusel 10-12 minutit. Serveeri kuumalt.

Prantsuse oad mung dhaliga

4 inimesele

Koostisained

1 spl rafineeritud taimeõli

1 tl sinepiseemneid

¼ teelusikatäit kurkumit

2 rohelist tšillit, pikuti viilutatud

400 g rohelisi ube, tükeldatud

3 supilusikatäit Mungo Dali*, leotada 30 minutit ja nõrutada

Soola maitse järgi

120 ml vett

2 spl hakitud koriandri lehti

meetod

- Kuumuta potis õli. Lisa sinepiseemned, kurkum ja roheline tšilli. Lase 15 sekundit mürtsuda.
- Lisa ülejäänud koostisosad, välja arvatud vesi ja koriandrilehed. Sega hästi. Lisa vesi. Keeda 15 minutit madalal kuumusel.
- Lisa koriandrilehed ja serveeri kuumalt.

Vürtsikas kartul jogurtikastmega

4 inimesele

Koostisained

1 tl Kissani*, segada 4 spl veega

200 grammi jogurtit

750 g kartulit, keedetud ja tükeldatud

½ tl chaat masala*

½ tl jahvatatud köömneid, kuivröstitud

½ tl tšillipulbrit

¼ teelusikatäit kurkumit

1 spl rafineeritud taimeõli

1 tl valget seesamit

2 kuivatatud punast tšillit, neljaks lõigatud

Soola maitse järgi

10 g / ¼ untsi koriandri lehti, peeneks hakitud

meetod

- Vahusta oapasta jogurtiga. Kõrvale panema.
- Sega kartulid chaat masala, jahvatatud köömnete, tšillipulbri ja kurkumiga. Kõrvale panema.
- Kuumuta potis õli. Lisa seesami- ja tšillitükid. Lase 15 sekundit mürtsuda.
- Lisa kartulid, jogurtisegu ja sool. Sega hästi. Keeda madalal kuumusel 4-5 minutit. Kaunista koriandrilehtedega. Serveeri kuumalt.

Täidisega roheline paprika

4 inimesele

Koostisained

4 supilusikatäit rafineeritud taimeõli

1 suur sibul, hakitud

½ tl ingveripastat

½ tl küüslaugupastat

1 tl garam masala

2 suurt kartulit, keedetud ja püreestatud

50 g / 1¾oz keedetud herneid

1 väike porgand, keedetud ja tükeldatud

näputäis asafetida

Soola maitse järgi

8 väikest rohelist paprikat, seemnetega

meetod

- Kuumuta pannil pool supilusikatäit õli. Lisa sibul ja prae läbipaistvaks.
- Lisa ülejäänud koostisosad, välja arvatud paprika. Sega hästi. Prae 3-4 minutit.
- Täida paprikad selle seguga. Kõrvale panema.
- Kuumuta pannil ülejäänud õli. Lisa täidetud paprika. Prae tasasel tulel 7-10 minutit, aeg-ajalt keerates. Serveeri kuumalt.

Doi Phulkopi Aloo

(Bengali moodi lillkapsas ja kartul jogurtis)

4 inimesele

Koostisained

300 grammi jogurtit

¼ teelusikatäit kurkumit

1 tl suhkrut

Soola maitse järgi

200 g lillkapsa õisikuid

4 kartulit, tükeldatud ja kergelt praetud

2 supilusikatäit sinepiõli

5 cm / 2 tolli kaneeli

4 rohelist kardemoni kauna

6 hammast

2 loorberilehte

meetod

- Sega jogurt, kurkum, suhkur ja sool. Marineerige lillkapsast ja kartulit selle seguga 20 minutit.
- Kuumuta potis õli. Prae ülejäänud koostisosi 1-2 minutit.
- Lisa marineeritud köögiviljad. Keeda madalal kuumusel 6-7 minutit. Serveeri kuumalt.

Roheline pipar besaniga

4 inimesele

Koostisained

4 supilusikatäit rafineeritud taimeõli

½ tl sinepiseemneid

500 g rohelist paprikat, seemnetest puhastatud ja tükeldatud

½ tl kurkumit

½ tl jahvatatud koriandrit

½ tl jahvatatud köömneid

500 g / 1 nael 2 untsi suudlus*, segada 120 ml / 4fl untsi veega

1 tl suhkrut

Soola maitse järgi

1 spl koriandri lehti

meetod

- Kuumuta potis õli. Lisa sinepiseemned. Lase 15 sekundit mürtsuda.
- Lisa roheline paprika, kurkum, jahvatatud koriander ja jahvatatud köömned. Sega hästi. Kata kaanega ja keeda tasasel tulel 5-7 minutit.

- Lisa besan, suhkur ja sool. Sega, kuni besaan katab paprikad. Kaunista koriandrilehtedega. Serveeri kuumalt.

Baklažaan hernestega

4 inimesele

Koostisained

2 spl rafineeritud taimeõli

½ tl sinepiseemneid

näputäis asafetida

½ tl kurkumit

2 suurt sibulat, peeneks hakitud

2 tomatit, peeneks hakitud

1 tl suhkrut

Soola maitse järgi

120 ml vett

300 g väikeseid baklažaane, tükeldatud

400 g / 14 untsi värskeid rohelisi herneid

25 g / veidi alla 1 untsi koriandri lehti

meetod

- Kuumuta potis õli. Lisa sinepiseemned, asafetida ja kurkum. Lase 15 sekundit mürtsuda.
- Lisa sibulad. Prae kuni kuldpruunini. Lisa tomatid, suhkur, sool, vesi, baklažaan ja herned. Sega hästi. Katke kaanega. Keeda 10 minutit madalal kuumusel.
- Kaunista koriandrilehtedega. Serveeri kuumalt.

Bandakopir Ghonto

(Bengali kapsas hernestega)

4 inimesele

Koostisained

2 supilusikatäit sinepiõli

1 tl köömneid

4 rohelist tšillit hakitud

½ tl kurkumit

1 tl suhkrut

150 g / 5½ untsi kapsast, õhukeselt viilutatud

400 g külmutatud herneid

Soola maitse järgi

¼ tl jahvatatud kaneeli

¼ tl jahvatatud kardemoni

¼ tl jahvatatud nelki

meetod

- Kuumuta potis õli. Lisa köömned ja roheline tšilli. Lase 15 sekundit mürtsuda.
- Lisa kurkum, suhkur, kapsas, herned ja sool. Sega hästi. Kata kaanega ja keeda tasasel tulel 8-10 minutit.
- Kaunista jahvatatud kaneeli, kardemoni ja nelgiga. Serveeri kuumalt.

Dal Bukhara

(kreemjas terve must gramm)

4-6 inimesele

Koostisained

600 g / 1 nael 5 untsi Urad Dhal*, leotatud üleöö

2 spl ube, leotatud üleöö

2 liitrit vett

Soola maitse järgi

3 supilusikatäit võid

1 tl köömneid

1 suur sibul, peeneks hakitud

2,5 cm ingverijuur, peeneks hakitud

2 küüslauguküünt peeneks hakitud

1 tl tšillipulbrit

1 spl jahvatatud koriandrit

4 tomatit, blanšeeritud ja tükeldatud

½ tl garam masala

2 spl rõõska koort

2 spl jogurtit

3 supilusikatäit gheed

2,5 cm / 1 tolli ingverijuur, lõigatud julienneks

2 rohelist tšillit, pikuti viilutatud

1 spl peeneks hakitud koriandri lehti

meetod

- Dhal ja oad ei voola ära. Sega potis vee ja soolaga. Küpseta tund aega keskmisel kuumusel. Sega hoolikalt ja säilita.

- Sulata väikesel pannil või. Lisa köömned. Lase 15 sekundit mürtsuda.

- Lisa sibul, ingver, küüslauk, tšillipulber, koriander ja tomatid. Hauta tasasel tulel 7-8 minutit, aeg-ajalt segades.

- Lisa garam masala, koor, jogurt ja ghee. Sega hästi. Küpseta 2-3 minutit.

- Lisage see segu dhalile. Keeda 10 minutit madalal kuumusel.

- Kaunista ingveri, rohelise tšilli ja koriandri lehtedega. Serveeri kuumalt aurutatud riisi, chapatti või naaniga.

Methi Dahal

(lõigatud punane grammi lambaläätsega)

4 inimesele

Koostisained

50 g / 1¾ untsi värskeid lambaläätse lehti, peeneks hakitud

Soola maitse järgi

300 g / 10 untsi zu või dhal*

1,5 liitrit vett

1 suur sibul, peeneks hakitud

2 tomatit, peeneks hakitud

2 tl tamarindipastat

1 roheline tšilli, pikuti viilutatud

¼ teelusikatäit kurkumit

¾ tl tšillipulbrit

2 spl riivitud värsket kookospähklit

1 spl pruuni suhkrut*, riivitud

Maitsestamiseks:

2 tl rafineeritud taimeõli

½ tl sinepiseemneid

6 karrilehte

8 hammast katki

meetod

- Hõõru lambaläätse lehti vähese soolaga ja tõsta kõrvale.

- Keeda toor dhali koos vee ja soolaga kastrulis keskmisel-kõrgel kuumusel 45 minutit.

- Lisa lambaläätse lehed koos sibula, tomatite, tamarindipasta, rohelise tšilli, kurkumi, tšillipulbri, kookose ja pruuni suhkruga. Sega hästi. Vajadusel lisa veel veidi vett. Keeda 5 minutit madalal kuumusel.

- Eemalda tulelt. Sega korralikult läbi ja jäta alles.

- Kuumuta potis õli. Lisa sinepiseemned, karrilehed ja nelk. Lase 15 sekundit mürtsuda. Valage see dhalile. Serveeri kuumalt.

malai koftas

(pelmeenid magusas kastmes)

4 inimesele

Koostisained

2,5 cm / 1 tolli kaneeli

6 rohelist kardemoni kauna

¼ tl jahvatatud muskaatpähklit

6 hammast

3 tl värskelt jahvatatud valget pipart

3,5 cm ingverijuur, riivitud

½ tl kurkumit

2 küüslauguküünt, hakitud

2½ tl suhkrut

Soola maitse järgi

120 ml vett

3 supilusikatäit gheed

360 ml piima

120 ml / 4 fl untsi vedelat kreemi

1 spl riivitud cheddari juustu

1 spl peeneks hakitud koriandri lehti

Koftade jaoks:

50 g / 1¾oz Khoya*

50 g paneer*

4 suurt kartulit, keedetud ja püreestatud

4-5 rohelist tšillit, peeneks hakitud

1 cm ingverijuur, riivitud

1 tl hakitud koriandrit

½ tl köömneid

Soola maitse järgi

20 grammi rosinaid

20 g india pähkleid

meetod

- Koftade jaoks sõtku kõik kofta koostisosad, välja arvatud rosinad ja india pähklid, ühtlaseks tainaks.

- Jagage see tainas kreeka pähkli suurusteks pallideks. Pigista iga palli keskele 2-3 rosinat ja india pähkleid.

- Küpseta pallikesi 200°C ahjus (400°F / gaasimärk 6) 5 minutit. Pange need kõrvale.

- Kastme jaoks rösti pannil madalal kuumusel 1 minut kaneeli, kardemoni, muskaatpähklit ja nelki. Tükelda ja varu.

- Jahvatage pipar, ingver, kurkum, küüslauk, suhkur ja sool veega. Kõrvale panema.

- Kuumuta potis ghee. Lisa kaneeli kardemoni segu. Prae minut keskmisel kuumusel.

- Lisa paprika ja ingveri segu. Prae aeg-ajalt segades 5-7 minutit.

- Lisa piim ja koor. Hauta tasasel tulel 15 minutit, aeg-ajalt segades.

- Pane kuumad koftad kastrulisse.

- Vala kaste kofta peale ning kaunista juustu ja koriandrilehtedega. Serveeri kuumalt.

- Teise võimalusena küpsetage neid pärast kastmega koftade peale valamist eelkuumutatud ahjus 200°C (400°F, gaasimärk 6) 5 minutit. Kaunista juustu ja koriandrilehtedega. Serveeri kuumalt.

Aloo Palak

(Keedukartul spinatiga)

6 eest

Koostisained

300 g spinatit, hakitud ja aurutatud

2 rohelist tšillit, pikuti viilutatud

4 supilusikatäit gheed

2 suurt kartulit, keedetud ja tükeldatud

½ tl köömneid

2,5 cm / 1 tolli ingverijuur, lõigatud julienneks

2 suurt sibulat, peeneks hakitud

3 tomatit, peeneks hakitud

1 tl tšillipulbrit

½ tl jahvatatud kaneeli

½ tl jahvatatud nelki

¼ teelusikatäit kurkumit

½ tl garam masala

½ tl täistera nisujahu

1 tl sidrunimahla

Soola maitse järgi

½ supilusikatäit võid

Suur näputäis Asantidat

meetod

- Püreesta spinat koos rohelise tšilliga blenderis. Kõrvale panema.
- Kuumuta potis ghee. Lisa kartulid ja prae keskmisel kuumusel kuldseks ja krõbedaks. Tühjendage need ja reserveerige need.
- Lisage samasse ghee-sse köömned. Lase 15 sekundit mürtsuda.
- Lisa ingver ja sibul. Prae neid keskmisel kuumusel 2-3 minutit.
- Lisa ülejäänud koostisosad peale või ja asantida. Keeda segu keskmisel-kõrgel kuumusel 3-4 minutit, perioodiliselt segades.
- Lisa spinat ja kartul. Sega hästi ja keeda tasasel tulel 2-3 minutit. Tõsta segu kõrvale.
- Kuumuta väikeses potis või. Lisage asantida. Lase 5 sekundit mürtsuda.
- Valage see segu kohe Aloo Palakile. Sega õrnalt. Serveeri kuumalt.

MÄRKUS:*Kartulid võid asendada värskete herneste või maisiteradega.*

Dum ka Karela

(aeglaselt keedetud kibekõrvits)

4 inimesele

Koostisained

12 kibekõrvitsat*

Soola maitse järgi

500 ml vett

1 tl kurkumit

1 tl ingveripastat

1 tl küüslaugupastat

Või määrimiseks ja määrimiseks

Täidise jaoks:

1 spl hakitud värsket kookospähklit

60 grammi maapähkleid

1 spl seesami

1 tl köömneid

2 suurt sibulat

2,5 cm / 1 tolli ingverijuur, lõigatud julienneks

2 tl pruuni suhkrut*, riivitud

1½ tl jahvatatud koriandrit

1 tl tšillipulbrit

Soola maitse järgi

150 g paneer*, riivitud

Maitsestamiseks:

3 supilusikatäit rafineeritud taimeõli

10 karrilehte

½ tl köömneid

½ tl sinepiseemneid

¼ teelusikatäit lambaläätse seemneid

meetod

- Lõika kibekõrvitsatele üks kord pikuti skoor, jälgides, et põhjad ei jääks terveks. Soovin sulle. Hõõruge neid soolaga ja laske 1 tund seista.
- Sega potis vesi kurkumi, ingveripasta, küüslaugupasta ja vähese soolaga ning keeda keskmisel kuumusel 5-7 minutit. Lisa kibekõrvits. Keeda pehmeks. Nõruta ja säilita.
- Täidise jaoks kuivrösti kõik täidise koostisosad peale paneeri. Sega kuiva röstisegu 60 ml veega. Jahvatage, kuni saate peene pasta.
- Lisage paneer. Sega see hästi jahvatatud nuudlitega. Kõrvale panema.
- Kuumuta pannil õli. Lisa maitseaineained. Lase 15 sekundit mürtsuda.

- Vala see täidise segule. Sega hästi. Jaga täidis 12 võrdseks osaks.
- Asetage portsjon igasse kibekõrvitsa sisse. Asetage need, täidisega pool ülespoole, määritud küpsetusplaadile. Torgake alumiiniumfooliumilehele mõned augud ja kasutage neid kausi sulgemiseks.
- Küpseta kibekõrvitsaid ahjus 140°C juures 30 minutit, aeg-ajalt pestes. Serveeri kuumalt.

Navratna karri

(erinevad köögiviljakarri)

4 inimesele

Koostisained

100 grammi rohelisi ube

2 suurt porgandit

100 grammi lillkapsast

200 grammi herneid

360 ml vett

4 spl ghee-d pluss praadimiseks

2 kartulit, tükeldatud

150 g paneer*, Lõika tükkideks

2 tomatit, püreestatud

2 suurt rohelist paprikat, lõigatud pikkadeks ribadeks

150 g india pähkleid

250 grammi rosinaid

2 tl suhkrut

Soola maitse järgi

200 g jogurtit, vahustatud

2 viilu ananassi, tükeldatud

mõned kirsid

Vürtside segu jaoks:

6 küüslauguküünt

2 rohelist tšillit

4 kuivatatud punast tšillit

1 tolline ingveri juur

2 tl koriandri seemneid

1 tl köömneid

1 tl mustköömne seemneid

3 rohelist kardemoni kauna

meetod

- Tükelda oad, porgand ja lillkapsas. Sega need herneste ja veega. Keeda seda segu kastrulis keskmisel-kõrgel kuumusel 7-8 minutit. Kõrvale panema.
- Kuumuta ghee pannil praadimiseks. Lisa kartulid ja paneer. Prae neid keskmisel kuumusel kuldpruuniks. Tühjendage need ja reserveerige need.
- Jahvatage kõik vürtsisegu koostisosad, kuni need moodustavad pasta. Kõrvale panema.
- Kuumuta pannil 4 spl gheed. Lisa vürtsipasta. Prae keskmisel kuumusel pidevalt segades 1-2 minutit.
- Lisa tomatipüree, paprika, india pähklid, rosinad, suhkur ja sool. Sega hästi.
- Lisa keedetud köögiviljad, praetud paneer ja kartulid ning jogurt. Sega, kuni jogurt ja tomatipüree katavad

ülejäänud koostisosad. Keeda madalal kuumusel 10-15 minutit.
- Kaunista Navratna karri ananassiviilude ja kirssidega. Serveeri kuumalt.

Köögiviljasegu kofta tomatikarris

4 inimesele

Koostisained

Kofta jaoks:

125 g / 4½ untsi külmutatud maisi

125 g külmutatud herneid

60 g prantsuse ube, hakitud

60 g porgandit, peeneks hakitud

375 g / 13 untsi mizzen*

½ tl tšillipulbrit

näputäis kurkumit

1 tl amkrut*

1 tl jahvatatud koriandrit

½ tl jahvatatud köömneid

Soola maitse järgi

Rafineeritud taimeõli praadimiseks

Karri jaoks:

4 tomatit, peeneks hakitud

2 tl tomatipastat

1 tl jahvatatud ingverit

½ tl tšillipulbrit

¼ teelusikatäit suhkrut

¼ tl jahvatatud kaneeli

2 hammast

Soola maitse järgi

1 supilusikatäis paneerit*, riivitud

25 g koriandri lehti, peeneks hakitud

meetod

- Kofta jaoks sega kastrulis mais, herned, oad ja porgandid. Kuumuta segu keemiseni.
- Sõtku aurutatud segu ülejäänud kofta koostisosadega, välja arvatud õli, ühtlaseks tainaks. Jaga tainas sidrunisuurusteks pallideks.
- Kuumuta pannil õli. Lisa kofta pallid. Prae neid keskmisel kuumusel kuldpruuniks. Nõruta koftas ja tõsta kõrvale.
- Karri jaoks sega kastrulis kõik karri koostisosad, välja arvatud paneer ja koriandrilehed.
- Küpseta seda segu keskmisel-kõrgel kuumusel 15 minutit, sageli segades.
- Lisage koftas õrnalt karrile 15 minutit enne serveerimist.
- Kaunista paneeri ja koriandrilehtedega. Serveeri kuumalt.

Muthias valges kastmes

(paneeri ja lambaläätse lihapallid valges kastmes)

4 inimesele

Koostisained

1 spl india pähkleid

1 spl kergelt röstitud maapähkleid

1 viil saia

1 keskmine sibul, peeneks hakitud

1 tolline ingveri juur

3 rohelist tšillit

1 tl mooniseemneid, mis on leotatud 2 sl piimas 1 tund

2 supilusikatäit ghee

240 ml piima

1 tl tuhksuhkrut

Näputäis jahvatatud kaneeli

Näputäis jahvatatud nelki

120 ml / 4 fl untsi vedelat kreemi

Soola maitse järgi

200 grammi jogurtit

Muthiase jaoks:

Paneer 300g / 10oz*, lagunemine

1 spl peeneks hakitud lambaläätse lehti

1 spl tavalist valget jahu

Soola maitse järgi

Tšillipulber maitse järgi

Ghee praadimiseks

meetod

- Sõtku kõik Muthia koostisosad peale ghee ühtlaseks tainaks. Jaga tainas kreeka pähkli suurusteks pallideks.
- Kuumuta pannil ghee. Lisa pallid ja prae keskmisel kuumusel kuldpruuniks. Kõrvale panema.
- Jahvata india pähklid, röstitud maapähklid ja leib piisava koguse veega, et moodustuks pasta. Tõsta segu kõrvale.
- Jahvata sibul, ingver, tšillipipar ja mooniseemned piisava koguse veega pastaks. Tõsta segu kõrvale.

- Kuumuta pannil ghee. Lisa sibula ja ingveri segu. Rösti pruuniks.
- Lisa kõik ülejäänud koostisosad ja maapähkli kašupähklipasta. Sega hästi. Hauta tasasel tulel 15 minutit, sageli segades.
- Lisa muthien. Sega õrnalt. Serveeri kuumalt.

pruun karri

4 inimesele

Koostisained

2 rohelist kardemoni kauna

2 hammast

2 musta pipart

1 cm kaneeli

1 loorberileht

2 kuivatatud punast tšillit

1 tl täistera nisujahu

2 spl rafineeritud taimeõli

1 suur sibul, viilutatud

1 tl köömneid

näputäis asafetida

1 suur roheline paprika, julieneeritud

2,5 cm / 1 tolli ingverijuur, lõigatud julienneks

4 küüslauguküünt, hakitud

½ tl tšillipulbrit

¼ teelusikatäit kurkumit

1 tl jahvatatud koriandrit

2 suurt tomatit, peeneks hakitud

1 supilusikatäis tamarindipastat

Soola maitse järgi

1 spl peeneks hakitud koriandri lehti

meetod

- Jahvata kardemon, nelk, pipraterad, kaneel, loorberileht ja punane tšilli peeneks pulbriks. Kõrvale panema.
- Kuivatage jahu pidevalt segades kuni heleroosa värvini. Kõrvale panema.
- Kuumuta potis õli. Lisa sibul. Prae keskmisel kuumusel kuldpruuniks. Nõruta ja püreesta kuni moodustub peen pasta. Kõrvale panema.
- Kuumuta sama õli ja lisa vürtsköömned. Lase 15 sekundit mürtsuda.
- Lisa asafetida, roheline paprika, ingver ja küüslauk. Prae minut aega.
- Lisa ülejäänud koostisosad peale koriandri lehtede. Sega hästi.
- Lisa kardemoni ja jahvatatud nelgi segu, kuivröstitud jahu ja sibulapasta. Sega hästi.
- Keeda madalal kuumusel 10-15 minutit.
- Kaunista koriandrilehtedega. Serveeri kuumalt.

MÄRKUS:*See karri sobib hästi köögiviljadega, nagu koorega kartulid, herned ja praetud baklažaanitükid.*

teemantkarri

4 inimesele

Koostisained

2-3 supilusikatäit rafineeritud taimeõli

2 suurt sibulat, jahvatatud pastaks

1 tl ingveripastat

1 tl küüslaugupastat

2 suurt tomatit, püreestatud

1-2 rohelist tšillit

½ tl kurkumit

1 spl jahvatatud köömneid

½ tl garam masala

½ tl suhkrut

Soola maitse järgi

250 ml vett

Teemantide juurde:

250 grammi soolast*

200 ml vett

1 spl rafineeritud taimeõli

1 näputäis asafetida

½ tl köömneid

25 g koriandri lehti, peeneks hakitud

2 rohelist tšillit peeneks hakitud

Soola maitse järgi

meetod

- Kastme jaoks kuumuta potis õli. Lisa sibulapasta. Prae pasta keskmisel kuumusel, kuni see muutub läbipaistvaks.
- Lisa ingveripasta ja küüslaugupasta. Prae minut aega.
- Lisa ülejäänud koostisosad, välja arvatud teemant koostisosad. Sega hästi. Kata kaanega ja lase segul 5-7 minutit podiseda. Tõsta kaste kõrvale.
- Teemantide jaoks sega besan ettevaatlikult veega, et moodustada paks tainas. Vältida tükkide teket. Kõrvale panema.
- Kuumuta potis õli. Lisa asafetida ja köömned. Lase 15 sekundit mürtsuda.
- Lisa oatainas ja kõik ülejäänud teemantained. Segage pidevalt keskmisel-kõrgel kuumusel, kuni segu panni külgedelt eemaldub.
- Määri 15×35 cm mittenakkuva küpsetusplaat rasvaga. Vala tainas ja silu spaatliga ühtlaseks. Jätke 20 minutiks. Lõika rombikujuliseks.
- Pane teemandid kastmesse. Serveeri kuumalt.

köögiviljahautis

4 inimesele

Koostisained

1 spl tavalist valget jahu

3 supilusikatäit rafineeritud taimeõli

4 hammast

2,5 cm / 1 tolli kaneeli

2 rohelist kardemoni kauna

1 väike sibul, tükeldatud

1 cm ingverijuur, hakitud

2-5 rohelist tšillit, lõigatud pikuti

10 karrilehte

150 g / 5½ untsi külmutatud köögivilju

600 ml / 1 pint kookospiima

Soola maitse järgi

1 spl äädikat

1 tl jahvatatud musta pipart

1 tl sinepiseemneid

1 hakitud šalottsibul

meetod

- Sega jahu piisavalt veega, et moodustuks paks pasta. Kõrvale panema.
- Kuumuta potis 2 spl õli. Lisa nelk, kaneel ja kardemon. Laske neil 30 sekundit särisema.
- Lisa sibul, ingver, tšillipipar ja karrilehed. Hauta segu keskmisel kuumusel 2-3 minutit.
- Lisa köögiviljad, kookospiim ja sool. Sega 2-3 minutit.
- Lisa jahupasta. Keeda pidevalt segades 5-7 minutit.
- Lisa äädikas. Sega hästi. Hauta veel minut madalal kuumusel. Tõsta hautis kõrvale.
- Kuumuta kastrulis ülejäänud õli. Lisa pipar, sinepiseemned ja šalottsibul. Prae 1 minut.
- Vala see segu hautisele. Serveeri kuumalt.

Seeneherne karri

4 inimesele

Koostisained

2 rohelist tšillit

1 spl mooniseemneid

2 rohelist kardemoni kauna

1 spl india pähkleid

1 cm ingveri juur

½ supilusikatäit ghee

1 suur sibul, peeneks hakitud

4 peeneks hakitud küüslauguküünt

400 g seeni, viilutatud

200 g konservherneid

Soola maitse järgi

1 supilusikatäis jogurtit

1 spl koort

10 g / ¼ untsi koriandri lehti, peeneks hakitud

meetod

- Jahvatage roheline tšilli, mooniseemned, kardemon, india pähklid ja ingver paksuks pastaks. Kõrvale panema.
- Kuumuta potis ghee. Lisa sibul. Prae keskmisel kuumusel läbipaistvaks.
- Lisa küüslauk ning jahvatatud roheline tšilli ja mooniseemne segu. Prae 5-7 minutit.
- Lisa seened ja herned. Prae 3-4 minutit.
- Lisa sool, jogurt ja koor. Sega hästi. Hauta tasasel tulel 5-7 minutit, aeg-ajalt segades.
- Kaunista koriandrilehtedega. Serveeri kuumalt.

Navratan Korma

(vürtsikad köögiviljasegud)

4 inimesele

Koostisained

1 tl köömneid

2 tl mooniseemneid

3 rohelist kardemoni kauna

1 suur sibul, peeneks hakitud

25 g kookospähklit, riivitud

3 rohelist tšillit, pikuti viilutatud

3 supilusikatäit gheed

15 india pähklit

3 supilusikatäit võid

400 g konserveeritud herneid

2 porgandit, keedetud ja tükeldatud

1 väike õun, peeneks hakitud

2 ananassi viilu peeneks hakitud

125 g jogurtit

60 ml / 2 fl untsi vedelat kreemi

Tomatiketšup 120 ml / 4fl oz

20 rosinat

Soola maitse järgi

1 spl riivitud cheddari juustu

1 spl peeneks hakitud koriandri lehti

2 glasuuritud kirsse

meetod

- Jahvata köömned ja mooniseemned peeneks pulbriks. Kõrvale panema.
- Jahvatage kardemon, sibul, kookos ja roheline tšilli, kuni saate paksu pasta. Kõrvale panema.
- kuuma ghee. Lisa india pähklid. Prae neid keskmisel kuumusel kuldpruuniks. Nõruta need ja tõsta kõrvale. Ärge visake gheed ära.
- Lisa ghee hulka või ja kuumuta segu hästi segades minut aega.
- Lisa kardemoni ja sibula segu. Prae keskmisel kuumusel 2 minutit.
- Lisa herned, porgandid, õun ja ananass. Hauta segu 5-6 minutit.
- Lisa köömnete ja mooniseemnete segu. Keeda veel minut madalal kuumusel.
- Lisa jogurt, koor, ketšup, rosinad ja sool. Segage segu madalal kuumusel 7-8 minutit.
- Kaunista korma juustu, koriandrilehtede, kirsside ja praetud india pähklitega. Serveeri kuumalt.

Sindhi Sai Bhaji*

(Sindi vürtsikad köögiviljad)

4 inimesele

Koostisained

3 supilusikatäit rafineeritud taimeõli

1 suur sibul hakitud

3 rohelist tšillit, pikuti viilutatud

6 peeneks hakitud küüslauguküünt

1 porgand peeneks hakitud

1 suur roheline paprika, peeneks hakitud

1 väike kapsas, peeneks hakitud

1 suur kartul, peeneks hakitud

1 peeneks hakitud baklažaan

100 g okra, hakitud

100 g rohelisi ube, peeneks hakitud

150 g spinatilehti, peeneks hakitud

100 g / 3½ untsi koriandri lehti, peeneks hakitud

300 g masoor dhal*, leotada 30 minutit ja nõrutada

150 g mung dhali*, leotada 30 minutit ja nõrutada

750 ml / 1¼ pint vett

1 tl tšillipulbrit

1 tl jahvatatud koriandrit

½ tl kurkumit

1 tl soola

1 tomat

½ supilusikatäit ghee

näputäis asafetida

meetod

- Kuumuta suurel pannil õli. Lisa sibul. Prae keskmisel kuumusel läbipaistvaks.
- Lisa rohelised tšilli ja küüslauk. Prae veel minut.
- Lisage kõik ülejäänud koostisosad, välja arvatud tomat, ghee ja asafetida. Sega hästi. Kata kaanega ja hauta regulaarselt segades 10 minutit.
- Aseta terve tomat köögiviljasegu peale, kata uuesti ja küpseta segu veel 30 minutit.
- Tõsta pliidilt ja püreesta sisu suurteks tükkideks. Pange bhaji kõrvale.
- Kuumuta potis ghee. Lisage asantida. Lase 10 sekundit mürtsuda. Valage otse Bhajile. Segage segu korralikult läbi. Serveeri kuumalt.

Nawabi peet

(rikas naeris)

4 inimesele

Koostisained

500 g keskmist kaalikat, kooritud

125 g jogurtit

120 ml / 4 fl untsi vedelat kreemi

Soola maitse järgi

2,5 cm / 1 tolli ingverijuur, lõigatud julienneks

100 g värskeid herneid

1 spl sidrunimahla

1 spl rafineeritud taimeõli

2 võilusikatäit

1 suur sibul riivitud

6 küüslauguküünt, hakitud

1 tl tšillipulbrit

näputäis kurkumit

1 tl garam masala

250 g riivitud cheddari juustu

50 g koriandri lehti, peeneks hakitud

meetod

- Õõnestage peet. Ärge visake kogutud portsjoneid ära. Kõrvale panema.
- Sega 2 spl jogurtit, 2 spl koort ja soola.
- Asetage õõnestatud peedid sellesse segusse, et need hästi kataks.
- Aurutage neid peete keskmisel kuumusel 5–7 minutit. Kõrvale panema.
- Sega ekstraheeritud peediportsjonid ingveri, herneste, sidrunimahla ja soolaga.
- Kuumuta potis õli. Lisa peedi ja ingveri segu. Hauta keskmisel kuumusel 4-5 minutit.
- Täida aurutatud peet selle seguga. Kõrvale panema.
- Kuumuta potis või. Lisa sibul ja küüslauk. Prae neid keskmisel kuumusel, kuni sibul muutub läbipaistvaks.
- Lisa ülejäänud koor, tšillipulber, kurkum ja garam masala. Sega hästi. Küpseta 4-5 minutit.
- Lisa täidetud peet, ülejäänud jogurt ja juust. Hauta 2-3 minutit ja lisa koriandrilehed. Serveeri kuumalt.

Baghara Baingan

(Vürtsikas ja vürtsikas baklažaan)

4 inimesele

Koostisained

1 spl koriandri seemneid

1 spl mooniseemneid

1 spl seesami

½ tl köömneid

3 kuivatatud punast tšillit

100 g / 3½ untsi riivitud värsket kookospähklit

3 suurt sibulat, peeneks hakitud

1 tolline ingveri juur

5 supilusikatäit rafineeritud taimeõli

500 g baklažaani, tükeldatud

8 karrilehte

½ tl kurkumit

½ tl tšillipulbrit

3 rohelist tšillit, pikuti viilutatud

8 karrilehte

1½ tl tamarindipastat

250 ml vett

Soola maitse järgi

meetod

- Kuivröstige koriandrit, mooniseemneid, seesami, köömneid ja punaseid tšilli seemneid 1-2 minutit. Kõrvale panema.
- Jahvata kookospähkel, 1 sibul ja ingver paksuks pastaks. Kõrvale panema.
- Kuumuta potis pool õlist. Lisa baklažaanid. Prae neid keskmisel kuumusel 5 minutit, aeg-ajalt keerates. Nõruta need ja tõsta kõrvale.
- Kuumuta kastrulis ülejäänud õli. Lisa karrilehed ja ülejäänud sibulad. Prae neid keskmisel kuumusel, kuni sibul muutub kuldseks.
- Lisa kookospasta. Prae minut aega.
- Lisa ülejäänud koostisosad. Sega hästi. Keeda madalal kuumusel 3-4 minutit.
- Lisa kuivalt röstitud koriandriseemnete ja mooniseemnete segu. Sega hästi. Jätkake küpsetamist 2-3 minutit.
- Lisa praetud baklažaanid. Segage segu korralikult läbi. Küpseta 3-4 minutit. Serveeri kuumalt.

Aurutatud porgandi kofta

4 inimesele

Koostisained

2 spl rafineeritud taimeõli

2 suurt sibulat, riivitud

6 tomatit, peeneks hakitud

1 supilusikatäis jogurtit

1 tl garam masala

Kofta jaoks:

2 suurt porgandit, riivitud

125 g soolast*

125 g täisterajahu

150 g / 5½ untsi riivitud nisu

1 tl garam masala

½ tl kurkumit

1 tl tšillipulbrit

¼ teelusikatäit sidrunhapet

½ tl söögisoodat

2 tl rafineeritud taimeõli

Soola maitse järgi

Pasta jaoks:

3 tl koriandri seemneid

1 tl köömneid

4 tera musta pipart

3 hammast

5 cm / 2 tolli kaneeli

2 rohelist kardemoni kauna

3 tl riivitud värsket kookospähklit

6 punast tšillit

Soola maitse järgi

2 supilusikatäit vett

meetod

- Sõtku kõik kofta koostisosad piisava koguse veega, kuni moodustub ühtlane tainas. Jaga tainas kreeka pähkli suurusteks pallideks.
- Aurutage pallikesi aurutisel keskmisel-kõrgel kuumusel 7-8 minutit. Kõrvale panema.
- Sega kõik pasta koostisosad, välja arvatud vesi. Kuivröstige segu keskmisel kuumusel 2-3 minutit.
- Lisa segule vesi ja jahvata ühtlaseks pastaks. Kõrvale panema.
- Kuumuta potis õli. Lisa riivitud sibul. Prae keskmisel kuumusel läbipaistvaks.
- Lisa tomatid, jogurt, garam masala ja jahvatatud nuudlid. Hauta segu 2-3 minutit.
- Lisa aurutatud pallid. Sega hästi. Keeda segu madalal kuumusel 3-4 minutit, perioodiliselt segades. Serveeri kuumalt.

dhingri shabnam

(seentega täidetud Paneer-lihapallid)

4 inimesele

Koostisained

450 g paneer*

125 grammi valget jahu

60 ml vett

Rafineeritud taimeõli pluss praadimiseks

¼ teelusikatäit garam masala

Täidise jaoks:

100 grammi seeni

1 tl soolata võid

8 hakitud india pähklit

16 rosinat

2 supilusikatäit khoya*

1 supilusikatäis paneerit*

1 spl peeneks hakitud koriandri lehti

1 roheline tšilli, hakitud

Kastme jaoks:

2 spl rafineeritud taimeõli

¼ teelusikatäit lambaläätse seemneid

1 sibul peeneks hakitud

1 tl küüslaugupastat

1 tl ingveripastat

¼ teelusikatäit kurkumit

7-8 india pähklit, jahvatatud

50 grammi jogurtit

1 suur sibul, hakitud pastaks

750 ml / 1¼ pint vett

Soola maitse järgi

meetod

- Sõtku paneer ja jahu 60 ml veega ühtlaseks tainaks. Jaga tainas 8 palliks. Tasandage viiludeks. Kõrvale panema.
- Täidise jaoks viiluta seened.
- Kuumuta pannil või. Lisa viilutatud seened. Prae neid keskmisel kuumusel minut.
- Tõsta pliidilt ja sega hulka ülejäänud täidise koostisosad.
- Jagage see segu 8 võrdseks osaks.
- Aseta igale riivsaia viilule portsjon täidist. Sulgege kottidesse ja lapige pallideks, et valmistada koftasid.
- Kuumuta pannil praadimiseks õli. Lisa koftas. Prae neid keskmisel kuumusel kuldpruuniks. Nõruta need ja tõsta kõrvale.

- Kastme jaoks kuumuta potis 2 spl õli. Lisa lambaläätse seemned. Lase 15 sekundit mürtsuda.
- Lisa sibul. Prae keskmisel kuumusel läbipaistvaks.
- Lisa ülejäänud kastme koostisosad. Sega hästi. Keeda madalal kuumusel 8-10 minutit.
- Tõsta tulelt ja kurna kaste läbi supisõela eraldi kastrulisse.
- Lisa koftas ettevaatlikult kurnatud kastmele.
- Laske sellel segul õrnalt segades 5 minutit podiseda.
- Puista garam masala dhingri shabnamile. Serveeri kuumalt.

Xacutti seen

(Vürtsikad karri seened Goast)

4 inimesele

Koostisained

4 supilusikatäit rafineeritud taimeõli

3 punast tšillit

2 suurt sibulat, peeneks hakitud

1 riivitud kookospähkel

2 tl koriandri seemneid

4 tera musta pipart

½ tl kurkumit

1 tl mooniseemneid

2,5 cm / 1 tolli kaneeli

2 hammast

2 rohelist kardemoni kauna

½ tl köömneid

½ tl apteegitilli seemneid

5 küüslauguküünt, hakitud

Soola maitse järgi

2 tomatit, peeneks hakitud

1 tl tamarindipastat

500 g seeni, tükeldatud

1 spl peeneks hakitud koriandri lehti

meetod

- Kuumuta potis 3 spl õli. Lisa punased tšillid. Prae keskmisel kuumusel 20 sekundit.
- Lisa sibul ja kookospähkel. Prae segu kuldpruuniks. Kõrvale panema.
- Kuumuta pott. Lisa koriandriseemned, pipraterad, kurkum, mooniseemned, kaneel, nelk, kardemon, köömned ja apteegitilli seemned. Kuivröstige segu 1-2 minutit, pidevalt segades.
- Lisa küüslauk ja sool. Sega hästi. Kuivprae veel minut aega. Tõsta tulelt ja purusta ühtlaseks seguks.
- Kuumuta ülejäänud õli. Lisa tomatid ja tamarindipasta. Prae seda segu keskmisel kuumusel üks minut.
- Lisa seened. Prae 2-3 minutit.
- Lisa koriandriseemne ja pipra segu ning sibula ja kookose segu. Sega hästi. Aurutage madalal kuumusel 3-4 minutit.
- Kaunista seente xacutti koriandrilehtedega. Serveeri kuumalt.

Paneer ja maisi karri

4 inimesele

Koostisained

3 hammast

2,5 cm / 1 tolli kaneeli

3 musta pipart

1 spl purustatud india pähkleid

1 spl mooniseemneid

3 supilusikatäit sooja piima

2 spl rafineeritud taimeõli

1 suur sibul riivitud

2 loorberilehte

½ tl ingveripastat

½ tl küüslaugupastat

1 tl punase tšilli pulbrit

4 tomatit, püreestatud

125 g jogurtit, vahustatud

2 spl koort

1 tl suhkrut

½ tl garam masala

Paneer 250g / 9oz*, Tükeldatud

200 g maisiterad, keedetud

Soola maitse järgi

2 spl koriandri lehti

meetod

- Jahvata nelk, kaneel ja pipraterad peeneks pulbriks. Kõrvale panema.
- Leota india pähkleid ja mooniseemneid soojas piimas 30 minutit. Kõrvale panema.
- Kuumuta potis õli. Lisa sibul ja loorberilehed. Prae neid keskmisel kuumusel minut.
- Lisa jahvatatud nelk, kaneeli ja pipra pulber ning india pähkli, mooniseemne ja piima segu.
- Lisa ingveripasta, küüslaugupasta ja punase tšilli pulber. Sega hästi. Prae minut aega.
- Lisa tomatid. Hauta segu madalal kuumusel 2-3 minutit.
- Lisa jogurt, koor, suhkur, garam masala, paneer, maisitõlvik ja sool. Segage segu korralikult läbi. Hauta tasasel tulel 7-8 minutit, regulaarselt segades.
- Kaunista karri koriandrilehtedega. Serveeri kuumalt.

Basant Bahar

(vürtsikad rohelised tomatid kastmes)

4 inimesele

Koostisained

500 grammi rohelisi tomateid

1 tl rafineeritud taimeõli

näputäis asafetida

3 väikest sibulat, peeneks hakitud

10 küüslauguküünt, hakitud

250 grammi soolast*

1 tl apteegitilli seemneid

1 tl jahvatatud koriandrit

¼ teelusikatäit kurkumit

¼ teelusikatäit garam masala

½ tl tšillipulbrit

1 tl sidrunimahla

Soola maitse järgi

Kastme jaoks:

3 praetud sibulat

2 röstitud tomatit

1 cm ingveri juur

2 rohelist tšillit

1 tl jogurtit

1 tl koort

näputäis asafetida

1 tl köömneid

2 loorberilehte

Soola maitse järgi

2 tl rafineeritud taimeõli

150 g pehmet kitsejuustu, murendatud

1 spl peeneks hakitud koriandri lehti

meetod

- Tee tomati ülemisele poolele noaga rist ja lõika läbi, jättes alumine pool terveks. Korrake kõigi tomatite puhul. Kõrvale panema.
- Kuumuta potis õli. Lisage asantida. Lase 10 sekundit mürtsuda.
- Lisa sibul ja küüslauk. Prae neid keskmisel kuumusel, kuni sibul muutub läbipaistvaks.
- Lisa besan, apteegitilli seemned, jahvatatud koriander, kurkum, garam masala ja tšillipulber. Prae veel 1-2 minutit.

- Lisa sidrunimahl ja sool. Sega hästi. Eemaldage tulelt ja täitke viilutatud tomatid selle seguga. Tõsta täidetud tomatid kõrvale.
- Blenderda kõik kastme koostisosad peale õli, kitsejuustu ja koriandrilehed ühtlaseks pastaks. Kõrvale panema.
- Kuumuta 1 tl õli. Lisa kitsejuust. Prae seda keskmisel kuumusel kuldpruuniks. Kõrvale panema.
- Kuumuta teises potis ülejäänud õli. Lisa jahvatatud kastmepasta. Keeda segu keskmisel-kõrgel kuumusel 4-5 minutit, perioodiliselt segades.
- Lisa täidetud tomatid. Sega hästi. Kata pott kaanega ja keeda segu keskmisel-kõrgel kuumusel 4-5 minutit.
- Puista basantbahari peale koriandrilehti ja praetud kitsejuust. Serveeri kuumalt.

Palak Kofta

(spinati lihapallid kastmes)

4 inimesele

Koostisained

Kofta jaoks:

300 g peeneks hakitud spinatit

1 cm ingveri juur

1 roheline tšilli

1 küüslauguküünt

Soola maitse järgi

½ tl garam masala

30 g kitsejuustu, nõrutatud

2 supilusikatäit ube*, lihapraad

4 spl rafineeritud taimeõli, lisaks praadimiseks

Kastme jaoks:

½ tl köömneid

1 tolline ingveri juur

2 küüslauguküünt

¼ teelusikatäit koriandri seemneid

2 väikest sibulat, hakitud

Näputäis tšillipulbrit

¼ teelusikatäit kurkumit

½ tomatit, püreestatud

Soola maitse järgi

120 ml vett

2 spl koort

1 spl peeneks hakitud koriandri lehti

meetod

- Koftade jaoks sega potis spinat, ingver, roheline tšilli, küüslauk ja sool. Keeda seda segu keskmisel kuumusel 15 minutit. Nõruta ja püreesta, kuni moodustub ühtlane pasta.
- Sõtku seda pastat kõigi ülejäänud kofta koostisosadega, välja arvatud õli, kuni moodustub kindel tainas. Jagage see tainas kreeka pähkli suurusteks pallideks.
- Kuumuta potis praadimiseks õli. lisa täppe. Prae neid keskmisel kuumusel kuldpruuniks. Nõruta need ja tõsta kõrvale.
- Kastme jaoks peenesta köömned, ingver, küüslauk ja koriandriseemned. Kõrvale panema.
- Kuumuta potis 4 spl õli. Lisa hakitud sibul. Prae madalal kuumusel kuldpruuniks. Lisa ingveri ja köömne pasta. Prae veel minut.
- Lisa tšillipulber, kurkum ja tomatipüree. Sega hästi. Prae veel 2-3 minutit.

- Lisa sool ja vesi. Sega hästi. Kata kaanega ja hauta regulaarselt segades 5-6 minutit.
- Avage ja lisage koftas. Keeda madalal kuumusel veel 5 minutit.
- Kaunista vahukoore ja koriandrilehtedega. Serveeri kuumalt.

Kofta kapsas

(kapsa pelmeenid kastmes)

4 inimesele

Koostisained

Kofta jaoks:

100 g hakitud kapsast

4 suurt kartulit, keedetud

1 tl köömneid

1 tl ingveripastat

2 rohelist tšillit peeneks hakitud

1 tl sidrunimahla

Soola maitse järgi

Rafineeritud taimeõli praadimiseks

Kastme jaoks:

1 spl võid

3 väikest sibulat, peeneks hakitud

4 küüslauguküünt

4-6 tomatit, peeneks hakitud

¼ teelusikatäit kurkumit

1 tl tšillipulbrit

1 tl suhkrut

250 ml vett

Soola maitse järgi

1 spl peeneks hakitud koriandri lehti

meetod

- Sõtku kõik kofta koostisosad, välja arvatud õli, ühtlaseks tainaks. Jaga tainas kreeka pähkli suurusteks pallideks.
- Kuumuta potis õli. Prae pallid keskmisel kuumusel kuldpruuniks. Nõruta ja säilita.
- Kastme jaoks kuumuta potis või. Lisa sibul ja küüslauk. Prae neid keskmisel kuumusel kuldpruuniks.
- Lisa tomatid, kurkum ja tšillipulber. Prae segu 4-5 minutit.
- Lisa suhkur, vesi ja sool. Sega hästi. Kata kaanega ja keeda tasasel tulel 6-7 minutit.
- Lisa praetud kofta pallid. Keeda madalal kuumusel 5-6 minutit.
- Kaunista kapsa kofta koriandrilehtedega. Serveeri kuumalt.

koottu

(Rohelise banaani karri)

4 inimesele

Koostisained

2 spl riivitud värsket kookospähklit

½ tl köömneid

2 rohelist tšillit

1 spl pikateralist riisi, leotatud 15 minutit

500 ml vett

200 g / 7 untsi rohelist banaani, kooritud ja kuubikuteks lõigatud

Soola maitse järgi

2 tl kookosõli

½ tl sinepiseemneid

½ tl urad dal*

näputäis asafetida

8-10 karrilehte

meetod

- Jahvata kookospähkel, köömned, roheline tšillipipar ja riis 4 sl veega ühtlaseks pastaks. Kõrvale panema.
- Sega banaan ülejäänud vee ja soolaga. Küpseta seda segu kastrulis keskmisel kõrgel kuumusel 10-12 minutit.
- Lisa kookose- ja köömnepasta. Küpseta 2-3 minutit. Kõrvale panema.
- Kuumuta potis õli. Lisa sinepiseemned, urad dhal, asafetida ja karrilehed. Laske neil 30 sekundit särisema.
- Vala see segu banaanikarri hulka. Sega hästi. Serveeri kuumalt.

MÄRKUS:*Roheliste jahubanaanide asemel võite kasutada ka valget kõrvitsat või madukõrvitsat.*

Paneer või masala

4 inimesele

Koostisained

Rafineeritud taimeõli praadimiseks

500 g / 1 nael 2 untsi paneer*, Tükeldatud

1 suur porgand, peeneks hakitud

100 g rohelisi ube, peeneks hakitud

200 g külmutatud herneid

3 rohelist tšillit, jahvatatud

Soola maitse järgi

1 spl peeneks hakitud koriandri lehti

Kastme jaoks:

1 tolline ingveri juur

4 küüslauguküünt

4 rohelist tšillit

1 tl köömneid

3 supilusikatäit võid

2 väikest sibulat, riivitud

4 tomatit, püreestatud

1 tl maisijahu

300 grammi jogurtit

2 tl suhkrut

½ tl garam masala

250 ml vett

Soola maitse järgi

meetod

- Kuumuta potis õli. Lisage paneelitükid. Prae neid keskmisel kuumusel kuldpruuniks. Nõruta need ja tõsta kõrvale.
- Sega hulka porgandid, rohelised oad ja herned. Aurutage seda segu aurutis keskmisel kuumusel 8-10 minutit.
- Lisa roheline tšilli ja sool. Sega hästi. Kõrvale panema.
- Kastme jaoks jahvata ingver, küüslauk, roheline tšilli ja köömned ühtlaseks pastaks.
- Kuumuta potis või. Lisa sibulad. Prae neid keskmisel kuumusel, kuni need muutuvad läbipaistvaks.
- Lisa ingveri küüslaugupasta ja tomatid. Prae veel minut.
- Lisa maisitärklis, jogurt, suhkur, garam masala, vesi ja sool. Segage segu 4-5 minutit.

- Lisa aurutatud köögiviljasegu ja praetud paneer. Sega hästi. Kata kaanega ja keeda segu madalal kuumusel 2-3 minutit.
- Kaunista paneer masala võid koriandrilehtedega. Serveeri kuumalt.

Mor Kolambu

(lõuna-India stiilis köögiviljasegud)

4 inimesele

Koostisained

2 tl kookosõli

2 keskmist baklažaani, tükeldatud

2 India trummipulka*, Tükeldatud

100 g / 3½ untsi kõrvitsat*, tükeldatud

100 g okra kaunad

Soola maitse järgi

200 grammi jogurtit

250 ml vett

10 karrilehte

Vürtside segu jaoks:

2 supilusikatäit Mungo Dali*, leotada 10 minutit

1 spl koriandri seemneid

½ tl köömneid

4-5 lambaläätse seemet

½ tl sinepiseemneid

½ tl basmati riisi

2 tl riivitud värsket kookospähklit

meetod

- Sega kõik maitseainesegu koostisosad. Kõrvale panema.
- Kuumuta potis kookosõli. Lisa baklažaan, kintsupulgad, squash, okra ja sool. Prae seda segu keskmisel kuumusel 4-5 minutit.
- Lisa vürtsisegu. Prae 4-5 minutit.
- Lisa jogurt ja vesi. Sega hästi. Kata kaanega ja keeda tasasel tulel 7-8 minutit.
- Kaunista Mor Kolambu karrilehtedega. Serveeri kuumalt.

Aloo Gobhi aur Methi ka Tuk

(Sindi moodi kartul, lillkapsas ja raudrohi)

4 inimesele

Koostisained

500 ml vett

Soola maitse järgi

4 suurt koorimata kartulit, lõigatud 5 cm tükkideks

20 g värskeid lambaläätse lehti

3 supilusikatäit rafineeritud taimeõli

1 spl sinepiseemneid

2-4 karrilehte

1 spl ingveripastat

1 tl küüslaugupastat

800 g lillkapsa õisikuid

1 tl tšillipulbrit

1 tl amkrut*

½ tl jahvatatud köömneid

½ tl jämedalt jahvatatud musta pipart

Suur näputäis kuivatatud lambaläätse lehti

2 spl värskeid granaatõunaseemneid

meetod

- Pane vesi kastrulisse, soola ja kuumuta keemiseni.
- Lisa kartulid ja küpseta pehmeks. Nõruta kartulid ja tõsta kõrvale.
- Hõõru värskeid lambaläätse lehti soolaga, et vähendada nende kibedust. Pese ja nõruta lehed. Kõrvale panema.
- Kuumuta potis õli. Lisa sinepiseemned ja karrilehed. Lase 15 sekundit mürtsuda.
- Lisa ingveripasta ja küüslaugupasta. Prae segu keskmisel kuumusel üks minut.
- Lisa lillkapsa õisikud, tšillipulber, amchoor, jahvatatud köömned, pipar ja kuivatatud lambaläätse lehed. Prae veel 3-4 minutit.
- Lisa kartulid ja värsked lambaläätse lehed. Hauta segu madalal kuumusel 7-8 minutit.
- Kaunista granaatõunaseemnetega. Serveeri kuumalt.

Lind

(Lõuna-India köögiviljasegud)

4 inimesele

Koostisained

400 g naturaalset jogurtit

1 tl köömneid

100 g / 3½ untsi riivitud värsket kookospähklit

Soola maitse järgi

4 tl koriandrilehti, peeneks hakitud

750 ml / 1¼ pint vett

100 g / 3½ untsi kõrvitsat*, tükeldatud

200 g / 7 untsi külmutatud köögivilju

¼ teelusikatäit kurkumit

4 rohelist tšillit, lõigatud pikuti

120 ml / 4 fl untsi rafineeritud taimeõli

¼ tl sinepiseemneid

10 karrilehte

näputäis asafetida

2 kuivatatud punast tšillit

meetod

- Vahusta jogurt köömnete, kookose, soola, koriandrilehtede ja 250 ml veega. Kõrvale panema.
- Segage sügavas kastrulis squash ja köögiviljasegud soola, 500 ml / 16 fl oz vee ja kurkumiga. Keeda seda segu keskmisel kuumusel 10-15 minutit. Kõrvale panema.
- Lisa jogurtisegu ja roheline tšilli ning hauta 10 minutit, sageli segades. Kõrvale panema.
- Kuumuta potis õli. Lisa ülejäänud koostisosad. Laske neil 30 sekundit särisema.
- Valage see köögiviljasegusse. Sega hästi. Keeda madalal kuumusel 1-2 minutit.
- Serveeri kuumalt.

Petipiima karri

4 inimesele

Koostisained

400 grammi jogurtit

250 ml vett

3 teelusikatäit besaani*

2 rohelist tšillit, pikuti viilutatud

10 karrilehte

Soola maitse järgi

1 spl ghee

½ tl köömneid

6 küüslauguküünt, hakitud

2 hammast

2 punast tšillit

näputäis asafetida

½ tl kurkumit

1 tl tšillipulbrit

2 spl peeneks hakitud koriandri lehti

meetod

- Sega kastrulis jogurt, vesi ja besan. Veenduge, et ei tekiks tükke.
- Lisa rohelised tšilli, karrilehed ja sool. Keeda seda segu aeg-ajalt segades madalal kuumusel 5-6 minutit. Kõrvale panema.
- Kuumuta potis ghee. Lisa köömned ja küüslauk. Prae neid keskmisel kuumusel minut.
- Lisa nelk, punane tšilli, asafetida, kurkum ja tšillipulber. Sega hästi. Prae seda segu 1 minut.
- Vala see jogurtikarri hulka. Keeda madalal kuumusel 4-5 minutit.
- Kaunista karri koriandrilehtedega. Serveeri kuumalt.

Lillkapsa kreem karriga

4 inimesele

Koostisained

1 tl köömneid

3 rohelist tšillit, pikuti viilutatud

1 cm ingverijuur, riivitud

150 grammi ghee-d

500 g lillkapsa õisikuid

3 suurt kartulit, tükeldatud

2 tomatit, peeneks hakitud

125 g külmutatud herneid

2 tl suhkrut

750 ml / 1¼ pint vett

Soola maitse järgi

250 ml / 8 fl untsi vedelat kreemi

1 tl garam masala

25 g koriandri lehti, peeneks hakitud

meetod

- Jahvata köömned, roheline tšilli ja ingver pastaks. Kõrvale panema.
- Kuumuta potis ghee. Lisa lillkapsas ja kartul. Prae neid keskmisel kuumusel kuldpruuniks.
- Lisa köömned ja tšillipasta. Prae 2-3 minutit.
- Lisa tomatid ja herned. Sega hästi. Prae seda segu 3-4 minutit.
- Lisa suhkur, vesi, sool ja koor. Sega hästi. Kata kaanega ja keeda tasasel tulel 10-12 minutit.
- Puista garam masala ja koriandrilehed karri peale. Serveeri kuumalt.

herneste kasutamine

(masala herned)

3 portsjoni jaoks

Koostisained

1 spl rafineeritud taimeõli

¼ tl sinepiseemneid

¼ teelusikatäit köömneid

¼ teelusikatäit tšillipulbrit

¼ teelusikatäit garam masala

2 rohelist tšillit, pikuti viilutatud

500 g / 1 nael 2 untsi värskeid herneid

2 supilusikatäit vett

Soola maitse järgi

1 spl riivitud värsket kookospähklit

10 g / ¼ untsi koriandri lehti, peeneks hakitud

meetod

- Kuumuta potis õli. Lisa sinepiseemned ja köömned. Lase 15 sekundit mürtsuda.
- Lisa tšillipulber, garam masala ja roheline tšilli. Prae segu keskmisel kuumusel üks minut.
- Lisa herned, vesi ja sool. Sega hästi. Keeda segu madalal kuumusel 7-8 minutit.
- Kaunista kookose ja koriandri lehtedega. Serveeri kuumalt.

Aloo Posto

(kartul mooniseemnetega)

4 inimesele

Koostisained

2 supilusikatäit sinepiõli

1 tl köömneid

4 spl mooniseemneid, jahvatatud

4 rohelist tšillit hakitud

½ tl kurkumit

Soola maitse järgi

6 kartulit, keedetud ja tükeldatud

2 spl peeneks hakitud koriandri lehti

meetod

- Kuumuta potis õli. Lisa köömned. Lase 15 sekundit mürtsuda.
- Lisa jahvatatud mooniseemned, roheline tšilli, kurkum ja sool. Prae segu paar sekundit.
- Lisa kartulid. Sega hästi. Prae segu 3-4 minutit.
- Kaunista koriandrilehtedega. Serveeri kuumalt.

Roheline okse

(paneer spinatikastmes)

4 inimesele

Koostisained

1 spl rafineeritud taimeõli

50 g paneer*, kuubikuteks

1 tl köömneid

1 roheline tšilli, pikuti viilutatud

1 väike sibul peeneks hakitud

200 g spinatit, aurutatud ja jahvatatud

1 tl sidrunimahla

suhkur maitse järgi

Soola maitse järgi

meetod

- Kuumuta potis õli. Lisa paneer ja prae kuldpruuniks. Nõruta ja säilita.
- Lisa samale õlile köömned, roheline tšilli ja sibul. Prae neid keskmisel kuumusel, kuni sibul muutub kuldseks.
- Lisa ülejäänud koostisosad. Segage segu korralikult läbi. Keeda 5 minutit.
- Jätke see segu mõneks ajaks külma. Jahvata köögikombainis jämedaks pastaks.
- Pane kastrulisse ja lisa praetud paneeritükid. Sega õrnalt. Keeda madalal kuumusel 3-4 minutit. Serveeri kuumalt.

tapa Paneer

(herned ja paneer)

4 inimesele

Koostisained

1½ supilusikatäit ghee

Paneer 250g / 9oz*, Tükeldatud

2 loorberilehte

½ tl tšillipulbrit

¼ teelusikatäit kurkumit

1 tl jahvatatud koriandrit

½ tl jahvatatud köömneid

400 grammi keedetud herneid

2 suurt tomatit, blanšeeritud

5 india pähklit, jahvatatud pastaks

2 spl kreeka jogurtit

Soola maitse järgi

meetod

- Kuumuta pool gheest potis. Lisa paneeritükid ja prae keskmisel kuumusel kuldpruuniks. Kõrvale panema.
- Kuumuta kastrulis ülejäänud ghee. Lisa loorberilehed, tšillipulber, kurkum, koriander ja köömned. Laske neil 30 sekundit särisema.
- Lisa herned ja tomatid. Prae 2-3 minutit.
- Lisa india pähklipasta, jogurt, sool ja praetud paneeritükid. Sega hästi. Lase segul aeg-ajalt segades 10 minutit podiseda. Serveeri kuumalt.

Dahi Karela

(Jogurtis praetud kibekõrvits)

4 inimesele

Koostisained

250 g / 9 untsi kibekõrvitsat*, koorida ja pikuti lõigata

Soola maitse järgi

1 tl amkrut*

2 spl rafineeritud taimeõli, lisaks praadimiseks

2 suurt sibulat, peeneks hakitud

½ tl küüslaugupastat

½ tl ingveripastat

400 grammi jogurtit

1½ tl jahvatatud koriandrit

1 tl tšillipulbrit

½ tl kurkumit

½ tl garam masala

250 ml vett

meetod

- Marineerige kibekõrvits soolaga ja laske tund aega seista. Kuumuta potis praadimiseks õli. Lisa kõrvits. Prae keskmisel kuumusel kuldpruuniks. Nõruta ja säilita.
- Kuumuta potis 2 spl õli. Lisa sibul, küüslaugupasta ja ingveripasta. Prae keskmisel kuumusel, kuni sibul on kuldpruun.
- Lisa ülejäänud koostisosad ja mõrukõrvits. Sega hästi. Keeda segu madalal kuumusel 7-8 minutit. Serveeri kuumalt.

Tomatikarri köögiviljadega

4 inimesele

Koostisained

3 supilusikatäit rafineeritud taimeõli

Näputäis sinepiseemneid

Näputäis köömneid

näputäis asafetida

8 karrilehte

4 rohelist tšillit peeneks hakitud

200 g / 7 untsi külmutatud köögivilju

750 g püreestatud tomateid

4 supilusikatäit ube*

Soola maitse järgi

meetod

- Kuumuta potis õli. Lisa sinepiseemned, köömned, asafetida, karrilehed ja tšilli. Lase 15 sekundit mürtsuda.
- Lisa köögiviljad, tomatipüree, besan ja sool. Sega hästi. Hauta tasasel tulel 8-10 minutit, aeg-ajalt segades. Serveeri kuumalt.

Doodhi koos Chana Dhaliga

(Pudelkõrvits Gram Dhalis)

4 inimesele

Koostisained

1 tl rafineeritud taimeõli

¼ tl sinepiseemneid

500 g / 1 nael 2 untsi pudelkõrvitsat*, kuubikuteks

1 supilusikatäis Chana Dahal*, leotada 1 tund ja nõrutada

2 tomatit, peeneks hakitud

näputäis kurkumit

2 tl pruuni suhkrut*, riivitud

½ tl tšillipulbrit

Soola maitse järgi

120 ml vett

10 g / ¼ untsi koriandri lehti, peeneks hakitud

meetod

- Kuumuta potis õli. Lisa sinepiseemned. Lase 15 sekundit mürtsuda.
- Lisa ülejäänud koostisosad, välja arvatud vesi ja koriandrilehed. Sega hästi. Prae 4-5 minutit. Lisa vesi. Keeda madalal kuumusel 30 minutit.
- Kaunista koriandrilehtedega. Serveeri kuumalt.

Tomat Chi Bhaji*

(tomati karri)

4 inimesele

Koostisained

250 g röstitud maapähkleid

3 rohelist tšillit

6 suurt tomatit, blanšeeritud ja viilutatud

1½ supilusikatäit tamarindipastat

1 spl pruuni suhkrut*, riivitud

1 tl garam masala

1 tl jahvatatud köömneid

½ tl tšillipulbrit

Soola maitse järgi

1 spl peeneks hakitud koriandri lehti

meetod

- Jahvata maapähklid ja rohelised tšillid ühtlaseks pastaks.
- Sega hulka ülejäänud ained, välja arvatud koriandrilehed. Keeda seda segu kastrulis keskmisel-kõrgel kuumusel 5-6 minutit.
- Kaunista bhaji koriandrilehtedega. Serveeri kuumalt.

kuivatatud kartulid

4 inimesele

Koostisained

1 spl rafineeritud taimeõli

½ tl sinepiseemneid

3 rohelist tšillit, pikuti viilutatud

8-10 karrilehte

¼ teelusikatäit Asantida

¼ teelusikatäit kurkumit

Soola maitse järgi

500 g kartulit, keedetud ja tükeldatud

10 g / ¼ untsi koriandri lehti, peeneks hakitud

meetod

- Kuumuta potis õli. Lisa sinepiseemned. Lase 15 sekundit mürtsuda.
- Lisa rohelised tšillid, karrilehed, asafetida, kurkum ja sool. Prae seda segu keskmisel kuumusel üks minut.
- Lisa kartulid. Sega hästi. Kata kaanega ja küpseta 5 minutit.

- Kaunista kartulisegu koriandrilehtedega. Serveeri kuumalt.

Täidisega okra

4 inimesele

Koostisained

1 spl jahvatatud koriandrit

6 küüslauguküünt

50 g / 1¾oz värsket kookospähklit, peeneks riivitud

1 cm ingveri juur

4 rohelist tšillit

6 supilusikatäit ube*

1 suur sibul, peeneks hakitud

1 tl jahvatatud köömneid

½ tl tšillipulbrit

½ tl kurkumit

Soola maitse järgi

750 g suurt okra, poolitatud

60 ml / 2 fl untsi rafineeritud taimeõli

meetod

- Jahvata koriander, küüslauk, kookospähkel, ingver ja roheline tšilli ühtlaseks pastaks. Segage see pasta ülejäänud koostisosadega, välja arvatud okra ja õli.
- Täida okra selle seguga.
- Kuumuta pannil õli. Lisa täidisega okra. Prae keskmisel kuumusel kuldpruuniks, aeg-ajalt keerates. Serveeri kuumalt.

Masala okra

4 inimesele

Koostisained

2 spl rafineeritud taimeõli

2 küüslauguküünt peeneks hakitud

½ tl tšillipulbrit

¼ teelusikatäit kurkumit

½ tl jahvatatud koriandrit

½ tl jahvatatud köömneid

600 g okra, tükeldatud

Soola maitse järgi

meetod

- Kuumuta potis õli. Lisa küüslauk. Prae keskmisel kuumusel kuldpruuniks. Lisa ülejäänud koostisosad, välja arvatud okra ja sool. Sega hästi. Prae seda segu 1-2 minutit.
- Lisa okra ja sool. Hauta segu madalal kuumusel 3-4 minutit. Serveeri kuumalt.

lihtsalt tapa

(Karri rohelise pipra ja hernestega)

4 inimesele

Koostisained

2 spl rafineeritud taimeõli

3 väikest sibulat, peeneks hakitud

2 rohelist tšillit peeneks hakitud

1 tl ingveripastat

1 tl küüslaugupastat

2 suurt rohelist paprikat, tükeldatud

600 g külmutatud herneid

250 ml vett

Soola maitse järgi

1 spl riivitud värsket kookospähklit

½ tl jahvatatud kaneeli

meetod

- Kuumuta potis õli. Lisa sibulad. Prae neid keskmisel kuumusel kuldpruuniks.
- Lisage rohelised tšilli, ingveripasta ja küüslaugupasta. Prae 1-2 minutit.
- Lisa paprika ja herned. Prae veel 5 minutit.
- Lisa vesi ja sool. Sega hästi. Kata kaanega ja keeda tasasel tulel 8-10 minutit.
- Kaunista kookose ja kaneeliga. Serveeri kuumalt.

Rohelised oad

4 inimesele

Koostisained

3 supilusikatäit rafineeritud taimeõli

¼ teelusikatäit köömneid

¼ teelusikatäit kurkumit

½ tl tšillipulbrit

1 tl jahvatatud koriandrit

1 tl jahvatatud köömneid

1 tl suhkrut

Soola maitse järgi

500 g prantsuse ube, peeneks hakitud

120 ml vett

meetod

- Kuumuta potis õli. Lisa köömned ja kurkum. Lase 15 sekundit mürtsuda.
- Lisa ülejäänud koostisosad, välja arvatud vesi. Sega hästi.
- Lisa vesi. Katke kaanega. Keeda madalal kuumusel 10-12 minutit. Serveeri kuumalt.

Masala trummipulgad

4 inimesele

Koostisained

2 spl rafineeritud taimeõli

2 väikest sibulat, peeneks hakitud

½ tl ingveripastat

1 tomat, peeneks hakitud

1 roheline tšilli peeneks hakitud

1 tl jahvatatud köömneid

1 tl jahvatatud koriandrit

½ tl kurkumit

¾ tl tšillipulbrit

4 India trummipulka*, lõika 5 cm tükkideks

Soola maitse järgi

250 ml vett

1 spl peeneks hakitud koriandri lehti

meetod

- Kuumuta potis õli. Lisa sibul ja ingveripasta. Prae neid keskmisel kuumusel, kuni sibul muutub läbipaistvaks.
- Lisa ülejäänud koostisosad, välja arvatud vesi ja koriandrilehed. Sega hästi. Prae 5 minutit. Lisa vesi. Sega hästi. Katke kaanega. Keeda madalal kuumusel 10-15 minutit.
- Kaunista masala koivad koriandrilehtedega. Serveeri kuumalt.

Kuiv vürtsikas kartul

4 inimesele

Koostisained

750 g kartulit, keedetud ja tükeldatud

½ tl chaat masala*

½ tl tšillipulbrit

¼ teelusikatäit kurkumit

3 supilusikatäit rafineeritud taimeõli

1 tl valget seesamit

2 kuivatatud punast tšillit, neljaks lõigatud

Soola maitse järgi

½ tl jahvatatud köömneid, kuivröstitud

10 g / ¼ untsi koriandri lehti, peeneks hakitud

½ sidruni mahl

meetod

- Viska kartulid peale chaat masala, tšillipulbri ja kurkumiga, kuni vürtsid katavad kartulid. Kõrvale panema.
- Kuumuta potis õli. Lisa seesamiseemned ja punane tšilli. Lase 15 sekundit mürtsuda.
- Lisa kartulid ja sool. Sega hästi. Keeda madalal kuumusel 7-8 minutit. Laota peale ülejäänud ained. Serveeri kuumalt.

Khatte Palak

(vürtsikas spinat)

4 inimesele

Koostisained

3 supilusikatäit rafineeritud taimeõli

1 suur sibul riivitud

½ tl ingveripastat

½ tl küüslaugupastat

400 g peeneks hakitud spinatit

2 rohelist tšillit peeneks hakitud

½ tl kurkumit

1 tl jahvatatud köömneid

Soola maitse järgi

125 g jogurtit, vahustatud

meetod

- Kuumuta potis õli. Lisa sibul, ingveripasta ja küüslaugupasta. Prae seda segu keskmisel kuumusel, kuni sibul on läbipaistev.
- Lisa ülejäänud ained peale jogurti. Sega hästi. Keeda madalal kuumusel 7-8 minutit.
- Lisa jogurt. Sega hästi. Keeda madalal kuumusel 4-5 minutit. Serveeri kuumalt.

www.ingramcontent.com/pod-product-compliance
Lightning Source LLC
Chambersburg PA
CBHW050350120526
44590CB00015B/1631